内蒙古大学生消费价值观优化路径研究

NEIMENGGU DAXUESHENG XIAOFEI
JIAZHIGUAN YOUHUA LUJING YANJIU

李雨薇 孙小雅 ◎著

中国纺织出版社有限公司

内 容 提 要

本书在梳理国内外消费价值观研究现状和相关理论的基础上，对内蒙古自治区高校大学生消费行为和消费价值观进行调查研究，并基于数据研究结果指出其存在超额消费行为明显、消费结构不合理、消费计划性不足、消费期望存在差距等问题。针对上述问题进行原因分析，并从学校教育体系、网络媒体平台及大学生自我管理能力等角度提出相应的建议，对促进少数民族地区大学生消费价值观优化路径的相关研究有积极影响。

图书在版编目（CIP）数据

内蒙古大学生消费价值观优化路径研究/李雨薇，孙小雅著. --北京：中国纺织出版社有限公司，2022.7
ISBN 978-7-5180-9633-6

Ⅰ.①内… Ⅱ.①李… ②孙… Ⅲ.①大学生—消费文化—研究—内蒙古 Ⅳ.①G641.2

中国版本图书馆 CIP 数据核字（2022）第 107512 号

策划编辑：曹炳镝　　责任编辑：段子君
责任校对：高　涵　　责任印制：储志伟

中国纺织出版社有限公司出版发行
地址：北京市朝阳区百子湾东里 A407 号楼　邮政编码：100124
销售电话：010—67004422　传真：010—87155801
http://www.c-textilep.com
中国纺织出版社天猫旗舰店
官方微博 http://weibo.com/2119887771
天津宝通印刷有限公司印刷　各地新华书店经销
2022 年 7 月第 1 版第 1 次印刷
开本：710×1000　1/16　印张：8
字数：72 千字　定价：88.00 元

凡购本书，如有缺页、倒页、脱页，由本社图书营销中心调换

前 言

自改革开放四十余年来,我国经济实现飞跃性发展。2019年,人均GDP突破1万美元大关,我国经济总量继续稳居世界第二位。随着经济总量的进一步增加,人均可支配收入的不断上涨,人们对收入的支配结构持续发生变化,经济的发展结合改革开放形势下中外消费思潮的不断碰撞,使得人们的消费价值观不断地进行构建,形成了新形势下的消费价值观。

当代大学生与其他消费群体迥然不同的性格特点、心理特征、成长背景和社会环境导致他们的消费价值观有着较为明显的特征。他们拥有鲜明的个性特征,追求标新立异,思维活跃,对新鲜事物的接受度强。大学生的消费价值观是构成社会主义核心价值观的重要内容。高校作为思政教育的主阵地,要认真落实不浪费一粒粮食的消费理念,使消费观教育成为思想政治教育新的生长点,帮助大学生传承中华民族勤俭节约的传统美德、弘扬社会主义核心价值观,顺应消费趋势，构建绿色消费环境，促进大学生社会主义核心价值观的形成，丰富和深化社会主义核心价值观教育体系，促进大学生的全面发展，有利于帮助大学生形成成熟、完善的人格，为大学生注入实现中华民族伟大复兴中国梦的正能量。

本书通过对中外消费价值观内涵、发展的梳理研究，结合内蒙古自治区大学生消费价值观的现状特点和现存问题，提出相应的解决措施，引导大学生正确认识到自己的消费行为对个体发展和社会发展的重要意义。研究本区域内大学生消费价值观的优化路径，有利于从社会、学校、家庭等各层面帮助大学生实现理性消费，使其专注于学业，有利于弘扬中华民族勤俭节约的优秀传统美德，促进大学生更好地实现个人价值和社会价值的融合，不被社会上错误的思想所裹挟，最终实现个人的全面发展。

本书共由五章组成。由于经验不足，加之时间仓促，有疏漏、不足之处请予以批评指正。

李雨薇
2022 年 5 月

目 录

第一章 绪论 ……………………………………… 1

第一节 研究的缘起与意义 ……………………… 1
第二节 核心概念界定 …………………………… 9
第三节 国内外相关研究述评 …………………… 14
第四节 研究目标与内容 ………………………… 17
第五节 研究思路与方法 ………………………… 19

第二章 消费价值观研究的理论基础 ………… 23

第一节 马克思主义消费观 ……………………… 23
第二节 中西方消费概观 ………………………… 32

第三章 内蒙古大学生消费价值观现状 ……… 41

第一节 消费行为 ………………………………… 41
第二节 消费特点 ………………………………… 51
第三节 内蒙古大学生消费价值观存在的问题 … 57
第四节 内蒙古大学生消费价值观存在问题的
　　　　原因分析 ………………………………… 66

第四章 内蒙古大学生消费价值观教育的对策 ……… 77

第一节 完善学校教育体系 ……………………… 77

第二节　发挥网络媒体平台的作用 …………………… 87
第三节　营造家校联合的消费价值观教育氛围 …… 96
第四节　选择大学生消费价值观教育的时机 …… 101
第五节　激发大学生提升自我管理的能力 …… 105

第五章　小结 ………………………………………… 113

参考文献 ……………………………………………… 117

第一章 绪论

在全球化背景下,随着信息社会的飞速发展,西方国家社会价值观与我国固有的价值观念相互碰撞,互相渗透,共同活跃于社会上层建筑中,促进了我国青年人价值观的构成。消费主义思想的传播、市场经济的发展、网络购物平台的崛起和人机交互关系的日益复杂,对价值观尚未成型、思维意识较为活跃的大学生造成了一定影响。当代大学生拥有鲜明的个性特征,追求标新立异、思维活跃、接受度强,与其他消费群体具有迥然不同的性格特点、心理特征、成长背景,这使得大学生消费群体表现出来的消费价值观既呈现出趋向理性消费的一面,也显现出享乐主义、虚无主义等令人担忧的一面。因此,为了帮助大学生形成完善的人格和树立正确的价值观,对扶正大学生消费价值观的路径研究十分必要,也十分迫切。

第一节 研究的缘起与意义

一、研究的缘起

改革开放以来,我国经济迅速发展,经济总量持续保持在9%的增长水平,人均可支配收入的显著提升。从经济发展的整体来考虑,社会消费水平往往象征着经济发展的真实情况。成熟的社会体系中,经济的活力和经济发展的现实状态与我们的消费水平呈现正相关的关系,而消费的异常变化则会给整体经济发展带来巨大的风险或者潜在的危机,最终给经济循环带来破坏性的影响。

(一)不良消费现象在大学生群体中突出

大学生作为社会主义的核心发展力量,对社会的发展具有很重要的能动作用,是将来建设祖国的主要力量,代表着祖国的未来和希望。随着信息时代和互联网经济的不断发展,大学生在消费中体现出来的问题变得更加尖锐。2016年,教育部办公厅和中国银监会办公厅联合下发了《教育部办公厅　中国银监会办公厅关于加强校园不良网络借贷风险防范和教育引导工作的通知》(教思政厅函〔2016〕15号),文件指出,为加强对校园不良网络借贷平台的监管和整治,教育和引导学生树立正确的消费观念,要通过加大对不良网络借贷监管力度,加大学生消费观教育力度,加大金融、网络安全知识普及力度,加大学生资助信贷体系建设力度的方式,结合社会各界力量,做好校园不良网络借贷风险防范和教育引导工作。2017年,中国银监会、教育部和人力资源社会保障部联合下发了《中国银监会　教育部　人力资源社会保障部关于进一步加强校园贷规范管理工作的通知》(银监发〔2017〕26号),文件要求通过疏堵结合的方式维护校园贷正常秩序,同时整治网贷乱象,暂停网贷机构开展校园网贷业务;通过综合施策、切实加强大学生教育管理,分工负责、共同促进校园贷健康发展等措施,进一步加大校园贷监管整治力度,从源头上治理乱象,防范和化解校园贷风险,维护校园和平稳定。由此可见,国家和教育部等各部委为了帮助大学生形成正确的消费价值观和整治校园安全稳定环境做出了积极努力。然而,即使有政策保障,由于不良校园贷形式多变、部分大学生消费观念畸形发展等因素,不良网贷事件仍有发生。追根溯源,造成校园不良贷款事件发生的原因之一,甚至是最为重要的原因之一是大学生的消费价值观出现了问题,消费需求和个人经济能力产生了错位,在低收入阶段追求高质量或者高品质的产品,从而无法抵挡不良校园贷的诱惑,最终造成恶果。

(二)国家政策引导

2016年2月,为全面贯彻党的十八大和十八届三中、四中、五中全会精神,深入贯彻习近平总书记系列重要讲话精神,落实发展理念,根据《中共中央 国务院关于加快推进生态文明建设的意见》《生态文明体制改革总体方案》《国务院关于积极发挥新消费引领作用 加快培育形成新供给新动力的指导意见》等文件,国家发改委等十部门颁布了《关于促进绿色消费的指导意见》。文件指出,要充分认识到绿色消费的重要意义,突出消费行为中节约资源和保护环境的特征,崇尚勤俭,减少浪费,规避过度消费和奢侈浪费等现象。既传承中华民族勤俭节约的传统美德、弘扬社会主义核心价值观,也顺应消费趋势,构建绿色消费环境。党的十九大报告提出,我们要倡导简约适度、绿色低碳的生活方式,反对奢侈浪费和不合理消费,开展创建节约型机关、绿色家庭、绿色学校、绿色社区和绿色出行等行动。除此之外,为了积极引导和倡导绿色消费,政府部门还颁布了一系列政策和法规,例如法律法规体系中的《中华人民共和国清洁生产促进法》和《中华人民共和国循环经济促进法》等致力于引导市场主体实施绿色消费。大学生作为特殊的消费群体,其消费观念和消费行为合理与否,直接关系到经济社会发展的未来。2016 年,哈尔滨师范大学郝文斌等人做过关于绿色消费观的调查问卷,问卷结果显示当代大学生对绿色消费的内涵还不够了解,消费意识有待提升,部分大学生存在认为高档消费值得羡慕和追求的思想,这表明大学生在树立正确的绿色消费理念方面还存在较大的提升空间。2017 年,习近平总书记在中共中央政治局第四十一次集体学习时强调要推动形成绿色发展方式和生活方式,为人民群众创造良好生产生活环境,倡导推广绿色消费。生态文明建设同每个人息息相关,每个人都应该做践行者、推动者。要加强生态文明宣传教育,强化公民环境意识,推动形成节约适度、绿色低碳、文明健康的生活方式和消费模式,形成全社会共同参与的良好风尚。因此,在加快生态文明体制改革的时代大背景下,大学生应当摒弃错误的消费观,树立绿色消费价值观,为建设"美丽中国"做出应有的努力。

(三)高校核心价值观教育的要求

2020年,教育部办公厅发布了9号文件《教育系统"制止餐饮浪费 培养节约习惯"行动方案》,文件要求要把勤俭节约内容有机融入高校思想政治理论课、高校形势与政策教育宣讲中。高校作为思政教育的主阵地,必须要落实习近平总书记的不浪费一粒粮食的消费理念,使消费观教育成为思想政治教育新的生长点,把消费价值观的教育纳入课程建设,开设以消费价值观教育为内容的课程,督促自治区大学生树立正确的消费心理,并在潜移默化中引导大学生形成符合社会主流价值要求的消费行为习惯。同时,在全区高校全面落实教育部《"三全育人"综合改革试点工作建设要求和管理办法(试行)》等文件精神的大背景下,区内高校应共同努力,营造节约是美德的育人环境,影响并引导学生树立正确的消费价值观。

(四)大学生建立正确的消费价值观是高校思政教育的重要课题

消费价值观在人类价值观体系的构建中占据着重要的地位,是一个人价值取向、价值判断和价值认知的重要体现。在当今改革开放日益加深的环境下,西方以消费至上为核心的消费主义思潮通过互联网、新媒体等媒介迅速渗透到我国青年大学生群体中,刺激部分学生产生了过度消费、攀比消费和超前消费等不良消费行为。对大学生社会主义核心价值观的建立产生了冲击和影响,对高校思政教育的开展产生了阻力。

二、研究的意义

正如上文所述,本研究是基于作为特殊消费群体的大学生消费价值观现状这一基础,研究其在形成过程中产生的突出问题,并深入探究背后的原因,从而提出有效的解决措施。其科学意义和价值不仅仅在于可以帮助内蒙古地区的大学生形成正确的消费价值观,还具有一定的理论意义和现实意义。

(一)有利于丰富和深化社会主义核心价值观教育体系

培育和践行社会主义核心价值观,是推进中国特色社会主义伟大事业、实现中华民族伟大复兴中国梦的战略任务,是社会主义核心价值观教育体系的内核。面对世界范围内各种思想文化交流、交融、交锋而形成的价值观较量的新态势,面对改革开放和发展社会主义市场经济条件下思想意识多元、多样、多变的新特点,积极培育当代大学生的消费价值观,有利于促进大学生社会主义核心价值观的形成,丰富和深化社会主义核心价值观教育体系,促进大学生的全面发展、有利于帮助大学生形成成熟完善的人格,为大学生注入实现中华民族伟大复兴中国梦的正能量。

（二）有利于完善高校思想政治教育课程体系建设

高校思想政治教育是帮助大学生建立和形成正确人生观、价值观和世界观的主渠道和主阵地。加强学生的社会主义核心价值观教育，使学生形成正确的消费理念和理性的消费习惯，营造良好的消费文化氛围是大学思想政治理论教育课程建设中消费价值观教育要实现的目标。然而，通过基础数据分析，我们发现，在本文的研究区域内，几乎没有高校开设以"消费价值观教育"为名的思想政治课程；在已经开设的各类思想政治必修课中，极少有课程会涉及消费价值观教育这一模块；在名师讲堂或者专家讲座中，也几乎没有高校或者高职院校邀请相关领域的专家学者进行培训讲座。由此可见，在内蒙古自治区内，高校思想政治教育体系中，消费价值观教育课程建设存在着巨大的缺失。因此，研究内蒙古自治区大学生的消费价值观优化路径，可以引发区内各高校在完善思想政治教育课程体系建设中的新思考。

（三）为高校进行消费价值观教育提供实践依据

大学生消费价值观产生的问题除高校教育课程体系的缺失之外，也在一定程度上反映出高校文化建设的缺失。有消费经济学者认为，加强消费文化教育是社会主义市场经济的客观要求，是保护消费者合法权益的有效途径,是提高消费质量、满足消费者需要的保障,是实施企业现代营销的重要环节,因此应该把消费文化建设列入到各级各类学校中。本文向内蒙古自治区内8所高校的6080名在校学生发放了调查问卷,全部进行了有效回收。本问卷涵盖学生类别多,涉及地域范围广,立足学生实际,深入学生消费现状,问卷问题涉及本研究区域内大学生消费水平、消费结构、消费行为、消费观念、消费心理等多个领域,问卷结果可信度高,能充分体现高校价值观教育的现状。本文最终结果可对研究区内的高校进行消费价值观教育提供实践和理论依据。

(四)有利于引导学生个体树立正确的消费价值观

本文通过对中外消费价值观内涵、发展的梳理研究,结合研究区内大学生消费价值观的现状特点和现存问题,提出相应的解决措施,引导大学生正确认识到消费行为虽然是其个人自由,但如若对自身错误的消费价值观认识不清,任由错误的消费行为滋生,最终不仅会危害到本人的个体发展,也会影响整个社会市场经济的发展,造成严重的社会问题。消费价值观本身具有育人功能,研究本区域内大学生消费价值观的优化路径,有利于从社会、学校、家庭等各层面帮助大学生实现理性消费,专注其学业,弘扬中华民族勤俭节约的优秀传统美德,促进大学生更好地实现个人价值和社会价值的融合,不被社会上错误的思想所裹挟,最终实现个人的全面发展。

第二节　核心概念界定

一、消费

消费是社会再生产过程中的一个重要环节，也是最终环节。它是指利用社会产品来满足人们各种需要的过程。消费又分为生产消费和个人消费，生产消费是指物质资料生产过程中的生产资料和生活劳动的使用和消耗。个人消费是指人们把生产出来的物质资料和精神产品用于满足个人生活需要的行为和过程，是在"生产过程以外执行生活职能"。它是恢复人们劳动力和劳动力再生产必不可少的条件。

20世纪30年代以前，关于消费理论的研究比较简单。当时处于支配地位的正统理论是马歇尔的需求理论。马歇尔用边际效用来说明需求，边际效用就是边际购买量的效用。他认为效用就是一物品带给所有者的愉快或其他利益。人的欲望是多种多样的，但每一个欲望都是有限度的，人类本性的这种倾向可用边际效用递减规律来说明，也就是边际效用随着他已有该物数量的每一次增加而递减。马歇尔研究消费者需求时，根据边际效用理论，提出消费者如何使用他所能支配的收入来取得最大福利的问题，这就是所谓的消费者选择理论。他提出，一个人应把他有限的货币收入做妥善安排，使每一用途上所花费的每单位货币的边际效用趋于相等,以便从这有限的收入中获得最大的满足。这就是消费者选择的基本原则。

20世纪30年代以后,凯恩斯把消费问题引入宏观经济领域,他把消费看作国民收入流通的基本形式之一。人们在收入增加的时候,消费也随之增加,但消费增加的比例不如收入增加的比例大;在收入减少的时候,消费也随之减少,但也不如收入减少得那么厉害。富人的边际消费倾向通常低于穷人的边际消费倾向。

莫迪利安尼的生命周期消费理论强调了消费与个人生命周期阶段之间的关系,他认为人们会在较长的时间范围内计划他们的生活消费开支,以达到他们在整个生命周期内消费的最佳配置,实现一生消费效用的最大化。各个家庭的消费要取决于他们在整个生命周期内所获得的收入与财产,也就是说消费取决于家庭所处的生命周期阶段。

杜森贝利的相对收入消费理论提出,在稳定的收入增长时期,储蓄率和平均消费倾向不取决于收入水平,这一点和弗里德曼的持久收入理论相同。从长期考虑,平均消费倾向和储蓄倾向是稳定的,因为其影响因素在长期中变化不大,这种长期消费倾向的稳定性对消费函数之谜是一个很好的解释。这一点和莫迪利安尼的生命周期理论、弗里德曼的持久收入理论的结论相同;从短期考察,储蓄率和边际消费倾向取决于现期收入与高峰收入的比例。由此使短期消费会有波动,但由于习惯效应的作用,收入减少对消费减少作用不大,而收入增加对消费增加作用较大;把长期和短期影响结合在一起考量,引起储蓄率或平均消费倾向变化的自变量为现期收入与高峰收入之比。

弗里德曼认为，人们在计划自己的消费水平时，不是依据短期的实际收入，而是把消费与持久的、长期的收入联系在一起。短期的可支配收入由于受许多偶然因素的影响，是一个经常变动的量，人们的消费不会随它的波动而经常变动。消费者为了实现其效用最大化，实际上是根据他们在长期中能保持的收入水平来进行消费的。一时的非经常性的短期收入变动只有在影响持久收入水平预期时，才会影响消费水平。由此得出的结论是，人们的收入可以分为两部分，一部分是暂时收入，另一部分是持久收入，只有持久收入才影响人们的消费，即消费是持久收入的稳定函数。

我国近年来消费需求不旺，消费需求对经济增长的巨大拉动作用也没有能够真正体现出来。目前，我国的消费需求主要体现在以下方面：商品总量超过现实有效需求，买方市场特征明显；居民消费呈多元化发展趋势，消费结构正发生变化；居民消费需求占国内生产总值的比例长期偏低；占人口绝大多数的农民在消费市场中所占的份额日益降低；居民储蓄持续增长，居民即期消费意愿不强。我国消费问题产生的原因主要在于居民收入增幅减缓，贫富差距扩大；体制变迁造成收入和支出预期的不确定性增加；农民收入低，负担重。

二、消费价值观

价值是一个含义十分复杂的概念，在不同的语境中具有不同的含义。在哲学中,价值的一般本质在于,它是现实的人的需要与事物属性之间的一种关系。某种事物或现象具有价值,就是该事物或现象能满足人们的某种需要,成为人们的兴趣、目的和所追求的对象。在日常生活中,价值是人们经常会碰到的问题,如做事说话经常要考虑"值不值得""有没有益处""美不美",这里的"值""益""美"就是一种价值判断。人们的认识和实践与价值判断密切相关。当人们从事交往、学习、工作、娱乐、休闲活动时,头脑中就包含着关于这些活动的功用乃至善恶、美丑的某种价值判断。

价值观,是指个人对客观事物(包括人、物、事)及对自己的行为结果的意义、作用、效果和重要性的总体评价,是对什么是好的、是应该的总看法,是推动并指引一个人采取决定和行动的原则与标准,是个性心理结构的核心因素之一,使人的行为带有稳定的倾向性。价值观是人用于区别好坏、分辨是非及其重要性的心理倾向体系。它反映人对客观事物的是非及重要性的评价。人不同于动物,动物只能被动适应环境,人不但能认识世界是什么、怎么样和为什么,而且能知道应该做什么、选择什么,发现事物对自己的意义,确定并实现奋斗目标。这些都是由每个人的价值观支配的。价值观决定、调节、制约个性倾向中低层次的需要、动机、愿望等,它是人的动机和行为模式的统帅。人的价值观建立在需求的基础上,一旦确定则反过来影响、调节人进一步的需求活动。人们在心目中对各种事物,如学习、劳动、享受、贡献、成就等,有主次之分,对这些事物的轻重和好坏排序构成一个人的价值观体系。价值观体系是决定一个人行为及态度的基础。价值观受制于人生观和世界观,一个人的价值观是从出生开始,在家庭和社会的影响下逐渐形成的。在一个人价值观形成的过程中,所处的社会生产方式及经济地位对其产生的影响是决定性的,在一定程度上是不可逆的。具有不同价值观的人会产生不同的态度和行为。

相对而言,消费价值观则是指人们对待其可支配收入的指导思想和态度以及对商品价值追求的取向,是消费者主体在进行或准备进行消费活动时对消费对象、消费行为方式、消费过程、消费趋势的总体认识评价与价值判断。消费价值观的形成和变革是与一定社会生产力的发展水平及社会、文化的发展水平相适应的。经济发展和社会进步使人们逐渐摒弃了自给自足、万事不求人等传统消费观念,代之以量入为出、节约时间、注重消费效益、注重从消费中获得更多的精神满足等新型消费观念。消费价值观在受其他因素影响的同时,也深刻影响了人们的消费行为。当然,消费行为的激发是商品本身的因素、品牌形象、消费者的主要消费动机及消费观念等各种因素综合作用的结果,但其中消费观念起主导作用。

在消费观念上,中国人自古就奉行勤俭节约的传统美德。古人有云:"俭,德之共也;侈,恶之大也",历来勤俭节约就受到尊敬和赞美,而大手大脚地花钱是一种可耻的行为。大多数中国人注重储蓄,克勤克俭,劳碌一生,很可能一辈子什么都没享受到,只留下一堆积蓄。中国消费者储蓄最重要的原因是为"备不时之需"。除此之外,还包括"养老""子女教育""购房"及"医疗"等。这与中国经历了太长时间的贫穷和落后、民族忧患意识特别强有关。人们总是习惯把剩余的钱存起来,以备不时之需,提前消费、超支消费会使很多传统的中国人觉得不安。此外,尽管近年来中国经济飞速发展,但有些地方的教育、医疗和社会保障体系等仍很落后,远不及发达国家水平,绝大多数中国人依靠自身的经济能力无法获得养老、医疗和子女教育保障,只能恪守勤俭、保守消费,积极储蓄。

第三节　国内外相关研究述评

一、国内研究述评

我国对于消费价值观的研究开始较晚,中国知网上能找到最早的一篇关于"消费价值观"的中文论述发表于1987年。2006年起,对大学生消费价值观的研究逐渐引起了教育界学者们的重视,相关研究的论文数量逐年上升,至今共达到109篇,其中国家社会科学基金论文为2篇,但与其他领域的课题相比,本研究仍然存在研究成果不足、高质量研究缺失的问题。

通过对以"大学生消费价值观"为主题的论文较为全面的梳理,可将目前对大学生消费观分析和研究成果总结如下:王敏在《消费文化语境中当代大学生消费观念引导研究》中提出,当代大学生的消费特征主要为炫耀性消费、从众性消费和超前性消费,造成这种消费特征的主要原因在于市场经济的发展导致消费欲望的膨胀,社会呈现出"消费至上"的消费文化语境。大学生由于处在社会化的关键时期,这类不良的消费文化对大学生产生了潜移默化的影响,使其出现了价值迷失和信仰混乱的境况;夏丹在《代际差异下的消费价值观多元化刍议》中指出,消费价值观的代际差异是社会发展和变迁的必然结果,主要是由于多元文化价值观并存和代际群体本身的局限性造成的;曾力则在《市场经济下当代大学生消费价值观偏差的原因分析》中提出,大学生消费价值观产生问题和偏差的原因是社会环境、家庭环境、学校环境、流行文化和媒体的共同影响,因此帮助大学生树立正确的消费价值观取决于政府、社会、家庭和学校的共同作用;任素芳在《网购环境下90后大学生消费观存在的问题及对策》中指出,大学生狂热的网购行为潜移默化地改变了大学生的价值取向和价值观,大学生维权观念的缺乏和社会责任意识的淡薄助长了网络乱象的持续发生;黄登斌在《大数据背景下新时代大学生消费价值观与消费行为问题研究——以广州工商学院为例》中指出,应重视校园文化在大学生消费价值观形成过程中的重要作用,在思政教育教学中要积极帮助大学生树立正确科学的价值观;何潇在《西方消费主义思潮对培育高职学生社会主义核心价值观的影响及对策研究——以西安汽车科技职业学院为例》研究中提出,西方消费主义腐朽思想的侵蚀严重影响大学生的消费行为和价值观念,应通过社会主义荣辱观来规范和矫正大学生的消费行为;刘鑫在《大学生不良消费行为分析及对策研究》中提出,大学生处于自我认同感不断提升的过程,而消费行为被他们当作是一种象征性竞争,他们希望通过互相攀比、炫耀性消费提升地位,赢得同龄至全体社会成员的尊重,借此来满自己的虚荣心。

综上所述,当代大学生在消费价值观中凸显出来的问题是客观存在且极其明显的,大部分学者对影响大学生消费价值观的因素做了研究,也提出了相应的解决措施,但突出地域性特色的较少,且消费价值观在学校教育中的突出地位和具体措施涉及较少。本文的调查研究涉及内蒙古自治区8所高校的6000余名学生,地域特色突出,涵盖学生类别较多,且针对学校教育中加强消费价值观教育的具体措施和内容做了详尽叙述。同时,研究了之前学者鲜少涉及的投资消费观念在大学生消费价值观组成比例中的变化特点,并对其进行了说明,具有一定的创新性。

二、国外研究述评

国外对于大学生消费价值观的研究较少,多集中于研究个体或不同国家、不同人种的消费价值观对消费行为的影响,极少涉及类似于大学生等特殊群体。

国外研究者对消费价值观的研究主要从不同学科角度对其定义、测量结构与维度方面进行研究。

在消费价值观的定义方面,国外学界认为消费价值观是消费者在消费过程中产生的态度、观点和看法。对于消费价值观的结构和测量指标方面,阿尔琼·乔杜里(Arjun Chaudhuri)和莫里斯·霍尔布鲁克(Morris B. Holbrook)将消费价值观分为实用性消费价值观和享受性消费价值观两种。布洛克·史密斯(J. Brock Smith)和马克·高露洁(Mark Colgate)则将消费价值观区分为四种,分别是功能性消费价值观、享乐性消费价值观、象征性消费价值观和代价性消费价值观。莫里斯·霍尔布鲁克(Morris B. Holbrook)基于"自我—他人导向"和"内部—外部导向"两个维度,把消费价值观分为经济型消费价值观、享乐型消费价值观、社会型消费价值观和利他型消费价值观四种基本的类型。

第四节　研究目标与内容

一、研究目标

本文利用访谈法、调查问卷法和观察法对内蒙古自治区各高校大学生的消费价值观进行实证分析和调研,通过分析大学生消费价值观的特点、发展及存在的问题,从文化价值认同的角度分析大学生消费价值观的异化及优化,引导大学生逐步树立科学的消费价值观。

二、研究内容

本文从文化价值认同、选择的角度对新时代大学生的消费价值观进行审视,研究新时代大学生消费价值观的优化问题,以期修正当代大学生异化的消费价值观,批判西方消费主义,帮助大学生培养科学的消费价值观,优化大学生消费价值观培养路径。具体研究内容如下:

第一,分析内蒙古自治区大学生消费价值观现状。利用观察访谈和问卷调查的方法,对内蒙古自治区各高校大学生消费行为、消费理念和消费倾向进行调查,从大学生消费心理异化、消费行为异化、消费结构异化、消费结果异化四个维度进行实证分析,分类总结大学生消费价值观的特点、发展及存在的问题。

第二,探析内蒙古自治区大学生消费价值存在问题的原因。以问卷和访谈的形式,从网络平台、社会环境、学校教育、家庭教育以及个人自身修养等方面对当代大学生消费价值观进行探索,以期对其产生问题的原因进行有效地科学探索。

第三,探索内蒙古自治区大学生消费价值观的优化路径。大学生消费价值观优化路径的建立,能够帮助大学生树立科学的消费价值观、有助于促进生态环境良性发展和维护全球文化多元多样格局,有助于大学生提升个人文化素养、积极践行当代中国主流价值观,进而抵制消极消费主义的侵蚀,在消费社会中保持理智。

第五节 研究思路与方法

一、研究思路

通过观察、访谈和调查内蒙古自治区多所高校大学生的消费行为和消费意识，扩大样本，梳理结果，并进行对比分析，分类总结大学生消费价值观的特点、发展及存在的问题，在就其现存问题的原因进行探索的基础上，提出内蒙古自治区大学生消费价值观的优化路径。研究路径如图1-1所示。

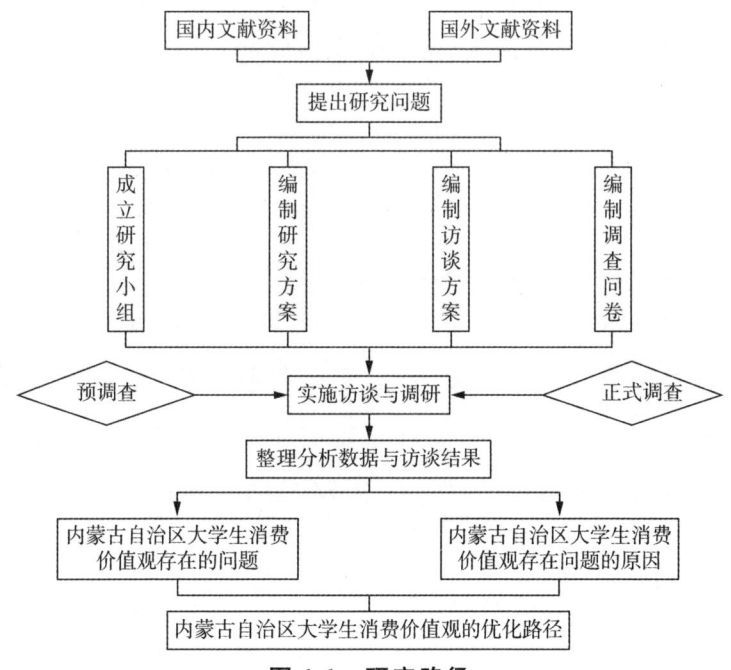

图1-1 研究路径

二、研究方法

(一)文献研究法

文献研究法主要指搜集、鉴别、整理文献,并通过对文献的研究形成对事实的科学认识的方法。文献研究法是一种古老而又富有生命力的科学研究方法。本文主要通过参考有关消费价值观、消费教育指导的相关文献,对文献内容进行总结分析,为文章提供理论支撑。且本文在文献研究法的应用中不局限于期刊、论文等文献材料,还包括调查报告、国家数据、信息等现实资料。

(二)调查法

调查法是科学研究中最常用的方法之一。它是有目的、有计划、有系统地搜集有关研究对象现实状况或历史状况的材料的方法。调查法综合运用历史法、观察法等方法以及谈话、问卷、个案研究、测验等科学方式,对研究对象进行有计划的、周密的和系统的了解,并对调查搜集到的大量资料进行分析、综合、比较、归纳,从而为人们提供规律性的知识。调查中最常用也是本文采用的方法是问卷调查法,它是以书面提出问题的方式搜集资料的一种研究方法,即调查者就调查项目编制成表式,分发或邮寄给被调查者,请其填写答案,然后回收、整理、统计和研究。我们通过线上线下随机发放调查问卷的方式对研究区域内的在校学生进行调查,并对调查结果进行分析,为文章提供数据支持。此次问卷调查涉及的对象跨学科、跨专业,使得调查结果更具有说服力。

(三)矛盾分析法

矛盾分析法是指运用矛盾的观点观察、分析事物内部的各个方面及其运动状况,以达到认识客观事物的方法。它是一种定性分析方法。运用这一方法,必须坚持对立统一的观点,从统一中看到对立,从对立中看到统一。具体来说,一是必须坚持"两点论",防止片面性,切忌"顾此失彼"。二是必须坚持"重点论",善于把握主要矛盾和矛盾的主要方面,突出重点,抓住关键。三是必须坚持"矛盾的普遍性和矛盾的特殊性相结合",既要分析事物的具体情况,也要注意不要使具体的事物脱离普遍联系。四是必须坚持"发展论",分析矛盾的动态,防止思想僵化。本文通过分析得出大学生消费价值观的现状,并进行进一步梳理总结,具体问题具体分析,找出消极消费观中的主要矛盾和次要矛盾,联系当下内蒙古自治区大学生的实际情况,制定帮助大学生树立正确消费价值观的具体对策。

第二章 消费价值观研究的理论基础

第一节 马克思主义消费观

消费不仅是一个经济问题,也是一个社会问题,而且还是一个哲学问题。我们在考察消费现象时,往往从哲学的高度和视域予以整体性把握。马克思指出:"人们为了能够'创造历史',必须能够生活。但是为了生活,首先就需要衣、食、住以及其他一些东西"。这既是唯物史观基本原理的经典表述,也是马克思主义消费观的出发点。肯定消费的积极意义是马克思主义消费观的重要前提。必须看到,马克思主义消费观是体现人与自然和谐统一的适度消费观。马克思主张适度消费,既反对抑制消费的禁欲主张,也反对奢侈浪费的过度消费。他在论述劳动力节约时精辟地指出"真正的经济节约就是劳动时间的节约",而这种节约就等于发展生产力。发展生产力与发展消费能力(同时又是发展消费资料)是同步的,这与禁欲完全是两回事。禁欲绝不是发展经济的条件,只有靠提高劳动生产率、节约劳动时间,才能发展经济。

马克思在论及相对剩余价值时明确指出,要求生产出新的消费,要求在流通内部扩大消费范围,就像以前(在生产绝对剩余价值时)扩大生产范围一样。一是要求扩大现有的消费量。二是要求把现有的消费量推广到更大的范围,以便造成新的需要。三是要求生产出新的需要,发现和创造出新的使用价值。但马克思也反对超过生产力发展水平的过度消费,即反对奢侈浪费。马克思深刻地指出:奢侈是自然必要性的对立面。必要就是本身归结为自然体的那种个人的需要。恩格斯也特别强调消费要与人类本性的自然需求相称、与生态环境的承载力相匹配。在一种与人类本性相称的状态下,社会应当考虑靠它所支配的资料能够生产些什么,并根据生产力和广大消费者之间的这种关系来确定应该把生产提高多少或缩减多少,应该允许生产或限制生产多少奢侈品。

马克思和恩格斯既反对奢侈消费,又反对超过资源禀赋承载能力的过度生产。这种适度的消费观不仅有利于社会再生产的发展,符合生产力发展规律的客观要求,而且也体现了人与自然界的和谐统一,是现代绿色消费观念的理论先导与基础,更是马克思理论之当代意义的重要体现。

马克思主义的消费观不仅是十分丰富的,而且其理论的社会主义指向也非常明确。马克思主义消费观形成之后,在其创始人马克思、恩格斯的思想基础上,随着时代的变化得到了进一步发展。马克思主义消费观与我国实际相结合,形成了中国化的马克思主义消费观。中国化的马克思主义消费观已逐步形成并发展成为一个完整的思想体系，它对于指导我国人民的消费具有重大的理论意义和实践意义。我们必须坚持这一科学消费思想，把它作为制定和完善消费制度、消费政策的理论依据，并以这一科学消费思想为指导，构建中国特色社会主义消费模式，使消费与社会主义物质文明、精神文明、政治文明、生态文明相适应。深刻领会马克思主义消费观的目标指向对于建设中国特色社会主义的重要的现实指导意义。

一、"作为人的消费"的消费观

从本质上说，人的消费是一种创造性的活动。"作为人"的生产是"作为人"的消费的根本前提。动物的消费与其活动直接统一，是一种本能的、生命的活动。而人的活动则把生产和消费在时空中分离开来，正是这种分离体现了消费的社会性和人的创造性。马克思认为："假定我们作为人进行生产。在这种情况下，我们每个人在自己的生产过程中就双重地肯定了自己和另一个人。"也就是说，假定生产活动是人的本质活动，那么在这一活动过程中，每个人不仅肯定了自己，而且其活动产品在满足别人的消费过程中也是对别人的一种肯定。当人"作为人"进行生产时，消费就既肯定生产者又肯定消费者，即双重肯定人的主体性、创造性的价值存在。马克思认为，如果人的生产只是一种利己需要的对象化，人的消费只是利己的占有，即"我们的生产并不是为了作为人的人而从事的生产，即不是社会的生产。也就是说，我们中间没有一个人作为人同另一个人的产品有消费关系",那么,消费就只能是有闲阶层炫耀财富的舞台。在马克思看来,消费一旦被曲解为就是目的本身,脱离生产,脱离人的发展,为消费而消费,它就必然使人"玩物丧志"。所以吃喝住穿固然也是真正的人的机能,但如果使这些机能脱离了人的其他活动,并使它们成为最后的、唯一终极的目的,它们就只能是动物的机能,在这种机能支配下的消费就只能是一种病态的"作为物"消费。由此可见,真正的消费关系应由真正的生产关系所决定;真正的人的生产的产品是真正的消费关系的基础。

所谓"作为人"的生产,它包含两个要件,即生产主体的合目的性和物质生产承担者的经济权益与社会权益的统一性。所谓生产主体的合目的性,它要求劳动者应当能在劳动中发挥最大的创造性,劳动本身成为使劳动者感兴趣的积极主动的活动,因此这又要求产品与劳动者目的的一致性,消除劳动强制,让生产活动同时成为"为我的活动"。在市场化的社会里,人容易被彻底商品化,自觉地把自己当作赚钱的工具和金钱的奴隶;同时,社会化大生产的细密分工使得个别的生产环节无法呈现独立的意义和价值,导致劳动者内在价值的迷失。马克思对资本主义生产过程中的非人性,即工具性进行了强烈的批判,他认识到之所以出现这种物质生产和人类目的的偏离,问题不在于生产力,而在于生产关系。马克思终身为之奋斗的是要为生产力的发展和它的价值偏离清除障碍,使它服务于全人类的目的。他把"生产力发展"放在人类学视野中考察,那么所谓"生产力发展"则表现为劳动者控制、调节、改造自然能力的提高,是人作为人在自然面前的自由度的提高,使人的实践对象的存在与自己的存在和发展相一致,而不必然表现为可分配的产品的多与寡。但在经济学的价值视野中,"生产力发展"意味着劳动生产率的提高,其终极体现是可分配的或可交换的产品的质和量的提高。从经济和社会发展的最终目的和一个人的自由全面发展来看,经济学价值视野应当服从于人类学价值视野。这双重价值的统一只有在劳动者"为自己而生产",即劳动者同时又是所有者时才能实现。劳动者自由自觉的劳动的保证是劳动资料的个人占有。只有否定资本主义私有制,扬弃以一个人劳动为基础的小生产私有制,"重新建立个人所有制",劳动者才能真正实现劳动不再仅仅是谋生的手段,而其本身也成了生活的"第一需要"的状态,劳动才真正成了人的自我实现活动。从这个角度来看,"为自己生产"和"为社会生产"统一于"为人生产",而只有这样的生产的结果才可能是"作为人"的消费。

二、生产与消费的辩证观

《经济学手稿》(1857~1858年)导言中集中而系统地论述了生产与消费相互作用的辩证关系。

首先,生产与消费具有直接同一性。"生产直接是消费"。生产过程本身就是一个消费过程。生产既是劳动者劳动力的支出与消耗的过程,又是生产资料和原料的转化性耗费的过程。因此,就生产活动过程中的基本要素而言,生产本身既是创造价值的过程,又是消费劳动力和消耗生产资料的使用价值的过程。"消费直接是生产",消费过程本身就是劳动力自身的再生产过程。在吃喝等任何消费方式中,人都生产自己的身体,生产自己的劳动力。生产与消费的直接同一性告诉我们,一方面,要提高生产的效益就必须合理配置劳动力、生产资料和原料等基本经济资源,提高生产性消费的效率。那种高能耗、高人力投入、低产出效益的生产方式虽然可以在特定历史阶段实现经济增长,但最终是不可持续的。中国的经济发展已经不能继续依靠这种方式了。另一方面,物质财富再生产和劳动力再生产两者之间是直接统一的,只有不断加大劳动力能力培训,不断提高劳动力素质,促进劳动力的高水平再生产,才能不断创造"新人口红利",更好地实现物质财富的再生产。

其次,生产创造和决定消费。"生产生产着消费。"生产创造消费品,为消费活动提供消费对象。生产决定消费方式,新的生产方式及其产品属性给予消费以新的规定性。"用刀叉吃熟肉来解除的饥饿不同于用手、指甲和牙齿啃生肉来解除的饥饿"。生产创造消费者,"为对象生产主体"。"艺术对象创造出懂得艺术和具有审美能力的大众",其他产品也是如此。生产为消费提供物质对象,决定消费活动的消费方式,并且在消费者身上引起新的需要。从社会再生产过程来看,生产是真正的主动因素,是"实际的起点",是"实现的起点",因而是"居于支配地位的要素",是"实现的起支配作用的要素"。而消费作为需要,作为生产的目标,是社会再生产系统的"一个内在因素"。当然,这并不意味着马克思认为萨伊定律是正确的。不应将生产与消费直接等同起来,因为生产者不仅创造消费资料,还创造生产资料。生产对消费品、消费方式和消费者的创造作用,要求我们在经济新常态下以供给创新带动需求扩展,把供给创新看作实现和满足新需求模式的决定性力量。而生产的支配地位要求我们着力加强供给侧结构性改革,下决心以更大的努力推进经济结构改革,提高供给体系质量和效率,实现经济结构战略性升级换代,推动我国生产力水平实现整体跃升。

再次,消费对生产具有巨大反作用。"消费生产着生产"。一方面,生产的产品只有在消费中才能实现它的使用价值,才能与自然物品区别开来,证明它是产品。在市场经济条件下,产品作为商品只有转化为消费对象,才能不仅实现其使用价值,而且实现其价值。另一方面,消费还为生产创造出新的需要,创造出生产的"观念上的内在动机",从而创造出"生产的动力"。生产为消费创造作为物质财富的现实的对象,消费为生产创造作为主观目的的观念的对象,即在生产中"作为决定目的的东西"。"没有需要,就没有生产,而消费则把需要再生产出来。"消费对生产的巨大反作用要求我们在强化供给侧结构性改革的同时,还要注意从需求侧对供给侧的反作用角度,为供给侧结构性改革寻找目标、方向和动力。注重需求结构的新变化,以扩大有效需求"倒逼"供给结构改革,通过新的需求结构确立有效投资和有效供给范围,从供给侧与需求侧两侧发力,最终实现结构升级这一远大目标。国务院印发《国务院关于积极发挥新消费引领作用 加快培育形成新供给新动力的指导意见》中,强调构建"消费升级、有效投资、创新驱动、经济转型有机结合的发展路径",正是充分运用消费对生产巨大反作用的重要体现。

最后,生产与消费的良性互动是以合理处理分配与交换关系为中介的。生产不会直接创造消费,消费也不会自动创造生产,它们之间的现实互动都需要通过分配关系、交换关系这一中介来实现。"生产表现为起点,消费表现为终点,分配和交换表现为中间环节"。生产与消费的相互作用,既包括生产对消费的决定作用,也包括消费对生产的决定性反作用。但这种决定作用和决定性反作用,都要借助交换关系和分配关系的中介作用来实现。当市场即交换范围扩大时,生产规模就会扩大,生产对象就会分得更细。而分配既包括"作为产品的分配",也包括作为"生产要素的分配"。"在分配是产品的分配之前,它是生产工具的分配,是社会成员在各类生产之间的分配"。因此,只把分配理解为前者是"最浅薄"的理解,因为决定产品分配份额的是生产工具和生产职位的分配。插入生产与消费之间的分配,既决定生产者在生产过程中的地位,也决定生产者占有产品的份额,因此决定生产与消费之间能否实现良性互动。分配对于生产与消费的中介作用要求我们重视强化公有制经济的主体地位,更加注重财富分配的公平正义性和包容性。不仅重视分配关系,而且重视生产资料的所有制关系;不仅重视二次分配,而且重视对一次分配的调节。交换对于生产与消费的中介作用要求我们破除体制机制障碍,让市场真正成为配置创新资源的决定性力量,注重对内对外经济开放,充分发挥国内和国外两个市场的作用。只有借助合理的分配制度和有效的市场机制,才能实现生产与消费的良性互动、供给升级与消费升级的相互促进,最终实现产业结构的升级和生产力水平的跃升。

三、消费与闲暇的辩证观

马克思认为的自由时间是与劳动时间相对的那部分时间。换句话说,是除去必要劳动时间的闲暇时间。马克思在研究消费与人的自由时间的关系时,侧重的是未来消费发展状况。在未来的社会中,之所以不断地生产,就是为了满足人们的诸多消费需求,也就是说为了人们的自由时间,从而最终促进人的全面发展。生产力进步时,也就意味着生产成本相对下降,与此同时,个人的劳动时间也会相应减少。因此,个人自由支配的时间增加,将促使个人不论在物质上还是在精神上都将有充裕的时间去消费。消费能力进一步的上升,将会促进新的生产过程的进行。自由时间的多寡是实现个人消费的重要条件之一,要想实现个人的自由发展,就必须增加个人自由的时间,这也是促进整个人类发展的基础。而这就必须发展生产力,只有生产力发展了,才能实现人的自由。当生产力到达了相当发达的阶段,工作的时间将减少,劳动的性质也将发生变化,这就为人的自由全面的发展开辟了新的空间,人类最终将会从劳动中得到解放,获得大量的自由时间。整个人类的发展,就其超出对人的自然存在的直接需要的发展来说,无非是对这种自由时间的运用,并且整个人类发展的前提就是把这种自由时间的运用作为必要的基础。

第二节 中西方消费概观

勤俭节约是中国历来的传统美德之一,同时也是中国人主要的消费理念。这是因为古代中国以农耕社会为主,绝大多数的人们处于社会底层,不仅要面对繁重的徭役,还要祈祷上天的眷顾,天灾人祸不断导致物质财富的极大匮乏。然而在重农轻商的思想之下,商品经济的发展缓慢。不仅如此,老百姓经济实力弱小,经济购买力不足等使得人民生活水平较低,从而勤俭节约也就成为了中华民族延续上千年的优良传统。勤俭节约的思想导致了中国消费者谨慎消费的理念,尤其体现在对高端奢侈品的较低消费意向上,追求物美价廉的消费占据主导地位并制约着国人的消费行为。与消费相比,中国人更倾向于攒钱的行为也是受制于此思想。

西方的消费理念恰恰与中国勤俭节约的消费理念相反。自文艺复兴以后,西方世界开始鼓吹解放人类天性,崇尚自由,主张及时行乐,财产乃是身外之物。另外,欧洲的海洋性气候适宜,地势平坦,天灾较少,畜牧业高度发达,商品经济蓬勃发展,人民购买力强,公民的个人自我意识较强。在这种及时行乐的思想下,西方消费者有钱便用来消费,没钱也会通过借贷等方式提前消费。由此可以看出,主流思想对中西方消费理念的形成有着至关重要的影响。

一、中国传统消费价值观理论

(一)儒家的等级消费价值观

中国传统消费思想以儒家的等级消费观为主流,其代表人物为孔子。孔子是儒家学派的创始人,他维护等级制度,提倡道德教化,认为人有名分之分,社会有等级差别,而一个人的名分、等级决定他的政治地位、经济利益和消费状况,并据此提出了贵贱有序、贫富有差、消费有别的等级消费观。同时,他主张节用、宁俭,强调对消费行为进行必要的道德约束。孔子消费观的核心是以"礼"的等级名分来规范社会成员消费观念、消费行为和消费方式。孔子重"礼",认为"礼"是国家的纲纪,主张"为国以礼",即"用礼治理国家","礼"讲等级、名分,孔子将其归结为"君君、臣臣、父父、子子",即"做君主的要像君的样子,做臣子的要像臣的样子,做父亲的要像父亲的样子,做儿子的要像儿子的样子"。在其主张的礼制下,社会成员依据各自的血缘宗法关系,形成贵贱有序的社会等级网络。政治上,形成了以宗法制度为显著特点的等级制;经济上,王公依靠进贡物生活,大夫依靠自己的封地生活,士依靠自己的田地生活,庶人依靠出卖劳力生活,工商依靠服务官府的所得生活。由此可见,不同的阶级、不同的阶层其政治地位与经济利益具有严格的等级差别。从礼的等级名分规定出发,孔子认为不同阶级与阶层的人应该在消费上体现出尊卑之别。孔子在抨击鲁国执政季氏时认为季氏为大夫,只能享用四佾的典礼乐舞行列,而他却越级使用了八佾的典礼乐舞行列,违反了"礼"的消费等级规范。对此,孔子很是气愤,对季氏的行为表示十分不满。在孔子看来,是"礼"而不是经济条件决定一个人的消费行为。一个人即使富有,他的消费行为同样不能偏离礼的等级名分规定,其消费行为与方式必须符合自己的身份。孔子主张消费行为的"节用""宁俭"。在孔子看来,奢不仅是支出多少的问题,更严重的是奢会刺激人的消费欲望,使人对自身的消费行为失去道德约束力,从而破坏礼的等级消费规范。而俭虽然不免显得寒伧,但它体现了消费行为的道德约束,因而更符合礼的等级消费规范。

(二)道家的无为消费价值观

中国传统消费思想中道家的无为消费观也同样占有重要地位,其代表人物为老子。老子是道家学派的创始人,他尊道贵德,提倡无为而治,主张小国寡民。从物极必反的角度出发,老子认为经济发展、财富增长和社会进步所带来的必然结果是人的物欲膨胀,社会矛盾尖锐,不利于人的身心和谐和国家的长治久安。因而,在消费上他主张返璞归真,去奢从俭,甚至于实行原始耕作状态下的低消费。老子消费思想的基本特点是"无为",即以"道法自然"为依据,主张清心寡欲,去奢从俭。老子认为人性自然,因而人不应该着眼于占有和享用财富,而要"杜绝违背道学的政治理念,放弃以'智'治国的政治权谋,百姓反而能获得百倍的好处;杜绝和放弃所谓的仁爱、礼义等说教,黎民百姓就能重新恢复尊老爱幼的天性;杜绝和放弃对奇技异巧、珍稀财物的追求,盗贼自然就会消失。以上所说的三个方面——圣智、仁义、巧利,都是人为巧饰的繁文缛节,不能用来教化百姓,所以要让人们的思想有所归属,一是让人们只看到事物原始状态,以保持人们朴素无华的天性;二是让人们减少利己的私心,以削弱人们对巧利的欲望;三是放弃欺人的仁爱礼义的说教,那么就没有什么扰患了。"由此,老子对贪欲和奢侈作了猛烈的抨击,认为是统治阶级的贪得无厌和奢侈浪费导致了田野荒芜,国库空虚。这是盗贼的行径,是不可能长久的。老子认为人性本自然,人之所以有物欲是受到了奢侈品的刺激与不良诱惑,人应该取法自然,无为处世,不为物惑,去奢从俭。反之,只会导致人心迷失和社会混乱,从而以法自然否定人对于物质与文化生活的追求以及经济发展的积极意义。把人生的价值归之于身心和谐,把消费的作用定位在维持生存的需要上,从而以人的回归自然来消除不断激化的社会矛盾。其不欲、知足原则是从法自然出发,要求以心理上的不欲和观念上的知足来抑制、取代人的不断增长的消费需求。对人的消费心理和消费行为进行具体规范,使无为消费切实可行。

(三)中国古代的奢靡消费价值观

除此之外,在中国消费思想史上,也有一些与节俭消费观完全对立的消费观,它主张消费者大量、无节制地占有和消耗物质财富,以满足自身的需求和欲望。在中国经济思想史上有一批颇有建树的人物,他们的贡献之一是在消费思想史上第一次系统地论述了奢靡消费观及其作用和意义。比如,杨朱的奢靡消费观建立在"人生苦短""及时行乐"的享乐主义价值观上,以最大限度满足感官需要为人生目的。管仲的奢靡消费观则主要强调的是奢侈消费对增加就业、赈灾救荒、活跃市场和发展经济的作用。《管子》作者在《管子·侈靡》中甚至还提出了这样的建议:"雕卵然后瀹之,雕橑然后爨之。",是指先把鸡蛋用色彩装饰,然后再煮来吃;先把木柴精雕细刻,然后再用来烧饭。由此,他崇尚奢侈的程度可见一斑。管仲认为,只有富者奢侈消费,穷人才能劳动就业、才能有饭吃、才能安居乐业;只有积攒者拿出余粮,大量消费,尽情享用,才能促进农业生产;只有在生活各方面倡导奢侈,才能将资财放散,不至于集中在少数人手里,从而增加穷人的就业机会。北宋的范仲淹在任杭州知府期间,正逢浙江大灾,他摒弃被人们信奉不疑的节俭消费观,运用奢靡消费观,"宴游兴造",增加杭州的财政开支,举办公共工程,结果使当地就业增加,社会稳定,出现了"两浙唯杭州晏然"的局面;明清中期,在商品经济发展的刺激和影响下,一部分学者通过

"天地生财,止有此数"说明奢靡对调整有限资源的分配方面所起到的积极作用。也就是说,既然财富的总量一定,那么,奢靡可以使财富从富人流向穷人,从而使社会财富的分配趋向平均。

二、西方当代消费主义思潮

消费主义是一种追求和崇尚过度的物质占有,把消费视为美好生活和人生目的唯一实现路径的消费行为及消费观念。消费主义是西方国家经济社会快速发展刺激下兴起的一种以消费享乐至上的社会思潮及意识形态;是经济效益提升导致发展重点由积累转向消费,生产重点由生产资料转向生活资料,从而必然要求大规模的消费的一种形式。它产生于20世纪20年代经济腾飞期的美国,并在战后经济快速发展的西方社会中蔓延与发酵。

作为一种消费观念和社会文化,消费主义的兴起与发展同资本主义社会独特的经济文化有着密不可分的关系。第二次世界大战后,市场经济国家的经济有了迅速增长,由此使社会财富大量增加,这使许多人都以为社会财富取之不尽、用之不竭。于是,一种主张人们可以任意占有和消耗财富的消费主义思想便产生出来,并得到社会大众的认同,产生了日益广泛及深刻的社会影响。资本家为了进一步积累资本,开始利用各种方式刺激人们的消费欲望,塑造以欲望、体验为根本的消费模式,给消费主义披上神圣光辉的薄纱。随着劳动生产率的不断提升,人们的劳动时间和强度有所减少和下降,休闲娱乐时间与日俱增。越来越多的人在留有满足基本生存的固定开销后,开始购买汽车电视、度假旅游。工薪阶层消费的持续扩大成为商业资本的运作结果,而资本家成为消费日益膨胀的最终受益者,既维持了对剩余价值的占有,也保障了资本积累的实现路径。

在资本主义经济制度与经济运行体制的基础上,刺激性的宏观经济政策催发了消费主义思潮的进一步膨胀,社会物质财富生产的总量大大超出人们的正常需求,从而导致经济危机。为了应对危机,美国政府采用了凯恩斯提出的主张。随着凯恩斯主义成为国家制定经济政策的指导思想和理论依据,鼓励和刺激消费的经济政策相继出台。有了来自国家政策的鼓励和推动,消费主义就有了更为适宜生存发展的环境和土壤。西方国家相继调整了经济政策,通过刺激性的宏观经济政策扩大消费需求。从一定程度上说,凯恩斯主义缓解了资本主义世界的产能过剩,延长了经济危机爆发的周期,助长了消费主义思潮的滋生。尝到甜头的资本家与经济学家将"为消费而生产"作为制定经济政策的核心原则。

消费主义思潮的滋生蔓延还与西方哲学思想有密切联系。西方哲学在发轫之初就与东方哲学大异其趣。在西方哲学看来,人是一种真正的"理性动物",人类的使命就是以其体力和智力了解世界,进而征服和控制世界,成为自然万物的主宰,并使其为人类服务。这种哲学思想不是把人类与自然的关系看作是一种和睦相处、互助互利的朋友关系,而是看作一种征服与被征服、剥夺与被剥夺的对立关系。表现在消费领域,它主张人类有权无限地占有和挥霍物质财富,从而最大限度地满足人的感官需求。所以,西方哲学思想是消费主义的理论基础。有了这一指导思想,消费主义的产生与发展就会变得顺理成章。进入20世纪以来,西方社会大众传媒的盲目引导对消费主义思潮的传播起到了推波助澜的作用。大众传媒营造的消费文化使得人们的关注焦点由原本的经久耐磨与惠而不贵转变为纸醉金迷与华而不实,商品的象征符号和代码意义远居于使用价值之上。长此以往,人们会在大众传媒宣传的牵引下进行消费。

综上所述,资本主义社会以其独特的经济、政治、文化和社会环境为消费主义思潮的产生和蔓延提供了土壤。这种带有"原罪式"的成长与发展使得消费主义思潮自产生之日起就打上了"资产阶级"的烙印。

消费主义文化意识已经潜移默化地影响了人们的消费观念,使一部分有经济能力的人群将消费主义价值观体现在现实的购买行动上,而那些尚不具备高消费能力的人群则在消费观念上有了一定的消费主义倾向。观念上的消费主义,是指由于经济条件的限制现在还不能实现高消费,但已经在极力追求或模仿消费主义的生活方式,甚至常常超出经济能力或压抑基本需求的满足而去追求心理或观念上的消费。

三、改革开放后我国的消费价值观

随着改革开放和全球一体化的推进,我国城乡居民的消费价值观在不同程度上受到了来自其他民族文化的影响。事实上,任何一种文化或思想,它的产生和传承都会或多或少地受到孕育着它的文化土壤的熏陶。

结合上文所述,中华民族在五千多年的发展历程中形成了许多值得我们传承和借鉴的优秀消费文化。以黜奢崇俭、崇尚精神、知足闲适、热爱自然等消费思想为主要内容的消费文化对研究当代人们的消费心理与行为仍然具有重要的意义。同时,由于西方社会较早进入消费社会,因此,西方对消费问题的研究比我国更加深入、更加成熟,西方消费主义思潮带来的对"消费异化""社会分层""符号消费"及"后物质主义"理论等西方消费理念的分析,为我国建构科学的消费价值观提供了理论上的借鉴和参考。

处于经济转型时期的中国社会,在多种消费价值观并存的当下,应该建构一种既与社会发展相适宜,又具有时代特点和文化特征的新型消费价值观。以人的全面自由发展和社会的可持续发展为目标,在辩证地、科学地处理人与人、人与社会、人与自然、人与自身关系的基础上,通过不断发展生产和提供相关产品和服务,满足人的生存型、享受型和发展型的消费需要的科学消费价值观,成为引领当下多种消费价值观的主流消费价值观。

第三章 内蒙古大学生消费价值观现状

第一节 消费行为

消费行为是指消费者的需求心理、购买动机、消费意愿等方面心理的与现实诸表现的总和,其最主要的行为表现是购买行为。消费者自身的欲望是驱策消费者去购买的主因。它既产生于消费者的内在需要,又来自外部环境的刺激。强烈的需要会成为决定某一时期的消费行为的支配力量。但是,该需要还要取决于消费者个人的习惯、个性和家庭的收入总水平与财产额的高低,以及家庭规模与结构的特点等。本节通过对区内各级各类学校的大学生进行问卷调查,利用数据分析,得出以下区内大学生消费行为现状。从消费行为(购买行为)来看,研究区域内大学生消费存在以下特点。

一、发展性消费比重增大

消费可以分为生存性消费和发展性消费。其中,用于满足人类基本生存需要的消费叫作生存性消费,比如说食品费用；用于人类自身发展需要的消费叫作发展性消费，比如说教育费用。

从不同阶层来讲，农民阶层和普通工人阶层是生存性消费的主要启动力量。随着改革开放成果的不断扩大，生产资料的积累和经济社会的发展，使得这两种阶层已在一定程度上提升了消费水平，改善了生活条件。中国人均寿命的增长和社会老龄化的加快，究其根本离不开经济的发展和消费水平与消费能力的增长，人们开始花费更多的财力在提升生活水平和健康水平上。但时代的进步也将整个社会的贫困线与平均生活水平提升到了新的高度。能够吃饱、穿暖、看电视，甚至农民阶层家庭的厨房开始装备煤气与电磁炉等，是经济发展与社会进步等赋予的基本生活条件。随着土地的流转与村落住房的楼阁化，农民阶层的生存性消费还会继续扩展。工人阶层在完成了家用电器"以旧换新"的消费革命后，在家庭装修方面也启动了新一轮的刺激消费。

新中产阶层和业主阶层是发展性消费的主力。不管是在大城市还是在中小城市，他们都带动了消费品的升级换代。在新中产阶层与业主阶层迅速提高发展性消费的过程中，因市场供给的产品质量、服务质量与个性化特征远远满足不了这两个阶层的需求，存在结构性短缺，所以外资产品在中国的销售才获得了长足的发展。大到名牌轿车市场，小到非常个性化的照相机、手机与手包，以及化妆品市场，外资都占据了很大的份额。在对服务性消费的需求上，教育、体育、保健、旅游、影视娱乐都需要升级才能满足中产阶层的需求。国内企业现在面临的主要问题是中产阶层崛起所产生的巨大消费动能以及业主阶层扩张的消费欲望与发展性消费产品短缺之间的矛盾。在使用价值退居其次,符号价值、广告导引、市场话语霸权的影响下,整个社会的消费都会在竞争中日趋激烈。

作为本研究调查对象的区内大学生群体来讲,虽然内蒙古自治区在全国境内总体上属于较偏远地区,经济水平较北上广等大中城市来说有较大差距,但是基于全国居民整体经济水平的上升、学校资助政策的完善、校园内部及周边地区兼职岗位的充沛、家长给予在读大学生的关爱,区内大学生可用于消费的金钱具有一定的自由使用的空间。

将调查问卷中"我常使用以下哪种方式消费"和"我的消费除了生活必需品之外,在以下方面占比较大"的结果分别进行多重相应分析后得出表3-1和表3-2。

表3-1 消费方式响应率和普及率汇总表

消费方式	响应率(%)	普及率(%)
现金	20.6	29.3
信用卡	4.2	6.0
某宝、某信等平台网上支付	67.6	96.2
打某白条或某呗等	7.1	10.0
借贷	0.6	0.8

拟合优度检验:$X^2=12454.672$ $p=0.000$。

表 3-2 消费项目占比汇总表

消费项目	占比(%)	普及率(%)
学习用品	29.8	64.4
电子产品	17.1	37.0
恋爱投入	10.3	22.2
投资	2.5	5.4
旅游	11.6	25.0
聚餐应酬	23.2	50.0
视频网站 VIP	5.5	12.0

拟合优度检验：$X^2=4897.426$ $p=0.000$。

由表 3-1、表 3-2 可知，拟合优度检验分别呈现出显著性（$X^2=12454.672, p=0.000<0.05$）和显著性（$X^2=4897.426, p=0.000<0.05$），这均意味着各项的选择比例具有明显差异性，可通过响应率或普及率具体对比差异性。具体来看，"我常使用以下哪种方式消费"中的"某宝、某信等平台网上支付"这一项的响应率和普及率明显较高；"我的消费除了生活必需品之外，在以下方面占比较大"中的"学习用品""电子产品""聚餐应酬"三项的响应率和普及率明显较高。问卷结果显示，内蒙古自治区大学生的消费行为正在从生存性消费向发展性消费转型。普通大学生作为低收入人群，目前来看，其生存性消费，即花费在吃穿用度上的消费依旧占据较大比例，但可以看出，大学生在教育（学习用品）、娱乐（电子产品、旅游、视频网站）、社交（恋爱、聚餐应酬）等方面的消费也有相当的占

比,预计对于购买行为的满足感会由基础温饱转而依靠社会服务业。同时,大学生群体的品味特征与符号化诉求冲动也为"商品"带来个人定制的需求空间,并为"服务"创造出更为便捷的个人定制的供给结构。

二、网络消费行为明显

网络消费是指人们以互联网络为工具手段而实现其自身需要的满足过程。由于互联网商务的出现,消费观念、消费方式和消费者的地位正在发生着重要的变化,互联网商用的发展促进了消费者主权地位的提高,网络营销系统巨大的信息处理能力为消费者挑选商品提供了前所未有的选择空间,购买意愿不断增强。大学生群体作为思想比较活跃、学习能力较强、接受度较快的特殊消费者,与网络消费行为的适配度更高,并且大多数的大学生随着年级的增加对于网络营销的态度更加正面,年级越高对于网络经验越成熟,进行网上购物的行为就越理性、积极;同样,网络带给大学生的满足感更为强烈,这也促进了他们更加愿意为了网络服务付费;大学生们对网络重要性的认知程度会随着上网时间的增多而逐渐加深,不同的大学生对网络在自己大学生活中的重要性的认识存在很大差异。一般来说,大学生网龄的长短与他们对网络重要性的认知程度成正相关;大学生们随着网龄的增加,会从全方位考虑购买决策的正确与否,对于产生购买的动机会很理智,在如何选择商家上会通过网络上的论坛对此商家的评价、征询朋友的意见、搜索商家本身的知名度和诚信度等方法搜集信息，有效比对，然后综合考虑、比较网络风险系数，再做出购买的决策，这符合拥有较高素质大学生的纯粹消费者身份的特点。

根据调查问卷显示，任素芳在《网购环境下90后大学生消费观存在的问题及对策》中曾指出，"大学生狂热的网购行为潜移默化地改变了大学生的价值取向和价值观，大学生维权观念的缺乏和社会责任意识淡薄助长了网络乱象的持续发生"，网络支付平台的发展大概率地刺激了大学生的消费欲望，从而对大学生消费价值观产生了消极的影响。根据受访大学生"每月网购次数"，我们得出如图3-1所示的饼状结构图。

从以下数据不难看出，有将近三分之一的大学生每月需要网购3~5次，也就是每周至少会有一次的网购；仅有17.88%的大学生一般不会网购。由此可见，内蒙古自治区大学生网络购物行为频次高、线上支付行为接受度强、应用广，网络消费行为明显。另外，如表3-3、表3-4所示，可以看到生活在城市的大学生和生活在牧区的大学生在各项消费频次和支付方式的占比基本相同，但生活在牧区的大学生的使用信用卡和借贷、打某白条等行为更加突出，也从侧面说明生活在牧区的大学生能灵活使用的生活费目前无法满足他们的消费欲望，从而迫使他们产生提前消费，甚至是超额消费的行为。

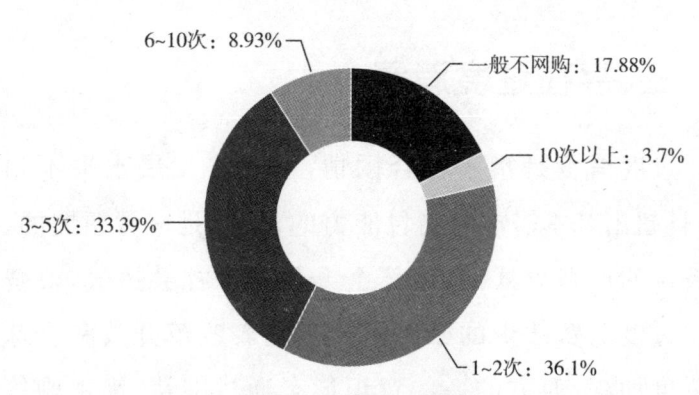

第三章 内蒙古大学生消费价值观现状

图 3-1 中各部分数据：
- 6~10次：8.93%
- 一般不网购：17.88%
- 10次以上：3.7%
- 1~2次：36.1%
- 3~5次：33.39%

图 3-1 饼状结构图

表 3-3 内蒙古自治区大学生生活区域与每月网购频次进行交叉对比

不同生活区域的大学生	一般不网购（%）	1~2 次（%）	3~5 次（%）	6~10 次（%）	10 次以上（%）
生活在城市的大学生	15.58	29.90	36.41	12.41	5.70
生活在牧区的大学生	16.61	40.83	31.14	6.23	5.19

表 3-4 内蒙古自治区大学生生活区域与消费方式进行交叉对比

不同生活区域的大学生	现金（%）	信用卡（%）	某宝、某信等平台网上支付（%）	打某白条或某呗等（%）	借贷（%）
生活在城市的大学生	30.86	5.80	96.52	11.40	1.16
生活在牧区的大学生	25.95	9.69	95.16	11.76	2.42

三、存在过度消费

过度消费是指不符合国情,与经济发展水平不相适应,且超出基本需求和支付能力的消费,是一种扭曲的、不可持续的消费方式,其破坏个人品格和社会风气,浪费资源。过度消费产生的原因主要是随着改革开放和全球化的程度加深,西方的一些意识形态通过书籍、影视剧等逐渐传入我国,包括西方消费主义思潮中的奢侈消费、提前消费和超额消费的消费理念,对我国消费价值观的形成产生了巨大的影响。北京大学马克思主义学院教授、博士生导师李青宜对过度消费现象有过专门研究,在他看来,过度消费行为在我国当前主要有三种突出表现和类型:超前消费、炫耀性消费和病态消费。

超前消费是指消费者或为了提前享受,或为了追赶潮流,或为了某种虚荣,往往超出自己经济承受能力的限度,超标准地提高自己的生活档次与购物水平。诸如购物中追逐新鲜的、奇特的、名牌的商品。

过度消费行为会破坏个人品格和社会风气;浪费资源;拉大贫富差距,破坏社会和谐,引发社会矛盾,导致仇富现象的产生;导致成功观扭曲,不利于社会主义核心价值体系的构建,尤其是对于作为社会主义建设者和接班人的当代大学生来说,更是必须遏制的不正之风。

依据调查结果,以内蒙古自治区的大学生为例,超前消费的观念已经对其产生了一定的消极影响。调查问卷的回收结果上显示,有19%同学认为过度消费是一种现代意识(见图3-2),这种观念导致了部分学生利用网络支付平台上"打白条"等方式进行过度消费,尤其是对于从小生活在牧区的大学生来讲,他们愿意利用借贷的方式来进行消费的占比是城市大学生的两倍(见表3-4)。在访谈调查中,我们甚至还发现有学生由于过度的超额消费导致无法按时偿还欠款,最终导致退学的现象。

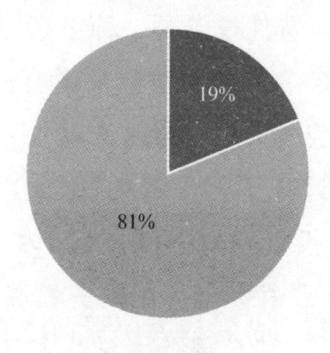

我认同超前消费是一种现代消费方式

图3-2 超前消费作为一种现代消费方式的认同度

四、出现消费型投资

消费型投资,简单来讲,是指为了实现某种消费需求而进行的投资。消费型投资是消费升级在互联网金融领域的创新尝试,是通过投资的方式同时解决大众对财富增值与生活消费的需求,助力人们更好地实现对品质生活的追求。在"互联网+"以及互联网金融迅猛发展的今天,生活消费场景与金融的连接日益紧密,向消费者提供消费信贷服务的消费金融迅速兴起,爱财有道在当前消费金融基础上进一步对消费、投资的含义做了新的注解,消费型投资兼具"消费+投资"的双重属性,它借助互联网的高效、便捷、平等等特点,依托优质投资项目,打通商流、物流、信息流,整合资源渠道,解决人们"消费即花钱"的痛点,让用户不仅能够享受高品质的消费服务,同时还能科学、合理、智慧地配置资产,让资金有效地进行保值与增值,畅享"一边消费,一边赚钱"的全新体验,实现"智慧投资,乐享生活"。总的来说,消费性投资是一种更高层次的消费。

  对于内蒙古自治区的大学生来说,由于在网络社会环境下接触到的信息面较广,受到了高水平教育,对消费和投资的了解要远远高于上一辈人,因此,在消费行为中逐渐出现了消费型投资。根据调查,区内受访大学生中有5%的大学生将日常消费花费在投资领域,包括购买基金、股票和定期存储等,甚至部分大学生利用学费、生活费进行炒股等投资性消费,这种消费行为也表现出了积极和消极的不同面。就积极的意义来讲,大学生选择消费性投资是一种理性的消费行为,表明他们能够科学、合理地配置有效资产,进行资产的升级,从而为下一阶段的消费进行储备,享受更高层级的社会服务;消极的一面在于在社会舆论和短视频的刺激下,大学生消费性投资往往会产生不理性的一面,例如将大部分资产甚至通过借贷手段来投资,一旦投资失败,大学生将很难承受这一后果,并将会严重影响到日常生活消费。另外,在各种短视频的刺激下,大学生可能会在刷视频挣钱、直销产品投资等领域受骗,最终造成不可挽回的后果。

第二节　消费特点

消费特点是指在消费中群体所表现出来的特别或特殊之处。不同群体的消费特点是由于群体消费偏好形成的,它受消费价值观、消费审美取向、性格趋向、地域因素、家庭教育、文化因素、经济因素、社会因素等多种因素影响。研究区域大学生的消费特点并总结为以下几点。

一、网购频次在区域上的两极分化极为严重

内蒙古自治区,位于中华人民共和国北部边疆,东西长约2400公里,南北最大跨度1700多公里,边境线长4200多公里。全区面积为118.3万平方公里。2021年末,全区常住人口为2400万人。辖9个地级市、3个盟,共计23个市辖区、11个县级市、17个县、49个旗、3个自治旗。内蒙古自治区内资源分布不均衡和产业结构存在差异,导致内蒙古自治区内部的经济发展存在一定的等级分化。经济水平发展的不一致同时也影响着区内大学生的消费观念和消费水平。

根据调研结果,对内蒙古自治区范围内的大学生来讲,网购频次在区域上的两极分化显得极为严重。通过内蒙古自治区大学生家庭所在地与每月网购频次进行交叉对比

得知（见表3-3），生活在城市地区的大学生在每月网购频次6~10次区间的占比是生活在牧区的大学生的2倍。生活在牧区的大学生有将近一半每月网购1~2次，这个比例与生活在城市大学生的每月网购次数为3~10次近似。

二、消费取向专注自身兴趣、要求审美

消费取向是指消费者对商品需求的趋向性，反映不同消费群体或同一消费群体在不同时期消费意向的变动。制约消费倾向的因素主要包括社会经济政策、科学技术的进步与成就、社会生产力水平、市场供求情况、居民购买心理等。

消费的兴起通常伴随着商业的发达与收入的增加，个人意识催生了不同资产积累的消费群体拥有不同的消费取向。当消费者开始通过物质消费来丰富生活内容，并以消费为途径使自我的存在获得独特的意义时，也就出现了"悦己型消费"。"悦己型消费"的产生主要有两方面原因：一方面，当生产力高速发展时，物质极大丰富，社会分工也更加完备，但人在精神层面却陷入了困境。由于生产组织的复杂化，个体无法直接地理解身处其中的社会世界，必须借助更为发达的、抽象的理性思维能力，才能把握世界运转的逻辑。而社会精细分工导致的异质化使人与外界的沟通变得愈发艰难。另一方面，个体与个体之间相互异化，甚至对彼此产生厌倦和敌意，每个独立个体所渴望的不再一致。在我国，改革开放使人们的生活水平、消费水

平获得了极大的提高,人们开始享受社会"服务"和物质消费带来的精神满足感,同时,"悦己型消费"和个性意识突出的逐渐普遍化促使人们开始将使用特定的消费品作为标签来彰显自己的社会地位。

当"悦己型消费"逐渐变为一种潮流趋势时,在潮流风口浪尖的大学生也受到了比较大的影响。大学生无须从家庭角度进行消费决策,因而在他们的消费动机中,对自我的追求、对情感和精神方面需求的满足、对个体意义的探寻要比其他群体更加强烈。

通过对调查问卷的结果分析,内蒙古自治区大学生消费取向总体上表现出理性化的特点,更加崇尚实用,追求"自我意识"的彰显,"悦己型"消费在消费决策中所占比重较明显,具体见图3-3。但具体到生活区域,通过对比城市大学生和牧区大学生的消费影响因素可以发现,城市大学生在消费时更注重商品的品牌和购买的欲望,而牧区大学生更倾向于考虑商品的价格和是否与别人雷同。具体见表3-5。

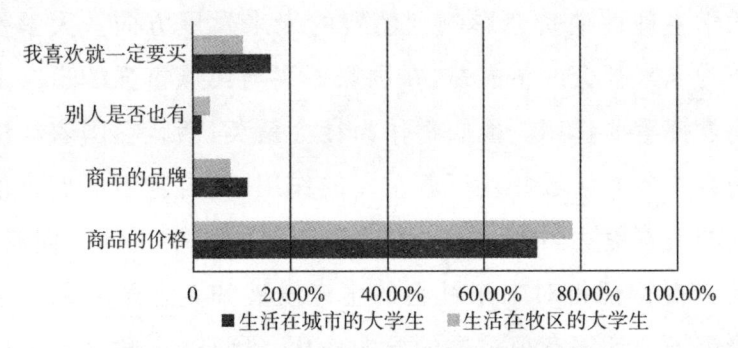

图3-3 内蒙古自治区大学生消费取向变化

表3-5　不同生活区域内蒙古自治区大学生消费影响因素对比

不同生活区域的大学生	商品的价格（%）	商品的品牌（%）	别人是否也有（%）	我喜欢就一定要买（%）
生活在城市的大学生	78.90	7.61	3.11	10.38
生活在牧区的大学生	71.05	10.90	1.71	16.34

三、理性消费观占主导地位

理性消费是指消费者在消费能力允许的条件下，按照追求效用最大化原则进行的消费。从心理学的角度看，理性消费是消费者根据自己的学习和知觉做出合理的购买决策。当物质还不充裕时，理性消费者多追求价廉、物美且经久耐用的商品。

大学生作为社会主义的建设者和接班人，理性消费观对其培育社会主义核心价值观有着重大意义，具体来说，大学生理性消费会影响到消费的未来发展方向。大学生作为未来社会的主人翁，在国家振兴与民族富强的道路上将发挥重要作用。他们将作为社会精英，活跃在国家经济建设的各个领域并发挥着重要的作用，其自身不但拥有很强的消费能力，而且是未来社会消费的重要主体。同时，其消费特征也对未来社会的生产发展和企业经营以及消费市场变动等有很重要的导向作用。因此，大学生能否理性消费，将对国家未来的经济健康发展产生很大影响。大学生理性消费关系到我国传统美德的继承与发扬。

"一粥一饭当思来之不易,半丝半缕恒念物力维艰",一个民族要富强,离不开艰苦奋斗、自强不息的精神。"静以修身,俭以养德",勤俭节约历来是中华民族的传统美德。大学生作为国家的栋梁之才,决不能贪图享受,需要不断创造财富,坚持科学、理性消费,继承和发扬勤俭节约、艰苦奋斗的优良民族文化传统,为我国国民经济可持续发展作出应有的贡献。

大学生理性消费也可能影响社会的消费风尚。大学生作为一个青年消费群体,他们的消费观念、消费状况、消费模式不仅影响个人的生活满意度和幸福感,也影响到自身家庭的生活水平,还会让同龄人学习和效仿,进而影响消费潮流的走向。因此,大学生进行消费之时需要认真思考,积极努力地完善自身消费结构,反对奢侈浪费、盲目攀比等不良消费风气,崇尚科学理性的消费理念,引领健康和谐消费时尚。

经过对调查问卷进行统计分析得出的结果可以看出:内蒙古自治区内绝大多数学生的消费是理性的,他们有强烈的社会责任感和家庭责任感;在内蒙古自治区长期经济情况现状的影响下,能做到坚持艰苦朴素传统、保持勤俭节约习惯;消费观念和消费行为健康合理,能做到量入为出、消费适度,在消费时最优先考虑产品的价格,充分平衡价格和价值之间的关系。由表3-5可以看出,七成以上的学生在消费时更注重考虑产品和服务的价格。但同时也要看到持有"一定要买到自己喜欢的物品"这一观念的学生。其中生活在城市的大学生占比16.34%,生活在牧区的占比10.38%,这也反映出有部分学生的消费观念仍存在一定的偏差。

四、人际消费出现压力

中国素有"礼仪之邦"之称,注重礼尚往来乃中华民族之传统。然而,礼尚往来并非都建立在金钱物质之上。礼尚往来的人情消费是中国人古老的传统,也是一种沟通人际关系的重要方式。人情消费是指人与人之间正常交往中的感情投资,简单地说应该是在日常生活中人与人之间人情往来的费用支出,它具有加深情感和促进交往的功能。随着人们交往范围的扩大,需要维系的亲情、友情、乡情、同事情等范围也在扩大,人情消费作为礼尚往来的必要支出,在当今中国社会已是一种普遍现象。但本意是用来表达情感的人情消费却日趋演变成为一种赤裸裸的敛财方式,而且愈演愈烈,让不少人为"人情"所累。人情消费已成为时下城乡居民的一大经济负担。2013年3月,题为"你为人情消费所累吗"的调查显示超过5成的人认为人情消费负担重,提倡亲友间免随礼。

在本次调查中,我们发现"人情消费"的压力已经开始影响和渗透到大学生的各种生活中。多数同学表示,人情消费占据着他们生活费用的很大一部分,超过半数的同学表示每月在人情往来上的费用占据了生活费用的1/3,甚至更多。90%以上的大学生认为人情消费是很有必要的,他们认为人际关系需要去经营,人情消费是一种投资,是联络感情、增进友谊的一种方式。有学生认为,大学作为大学生正式进入社会前的"小社会",在维系宿舍关系、班级关系的和谐发展中,人情消费是必不可少的内容,如果不在人情消费上花费,在宿舍或班级的相处中就会产生问题。例如,集体中的大部分人更愿意与消费大方、不在金钱上计较的同学相处,这就使得为了能够更好地融入集体中,就不得不进行"吃请""回请"等形式的消费。但大学生实际上可支配收入并不太多,因此会通过借贷等手段维持人情消费,从而造成一些难以挽回的后果。这暴露出我们教育中存在的问题,即学校在"人情消费"上的教育力度不够。学校要引导学生认识到"人情消费"存在的误区,明白维护友情或其他亲密关系时要更注重人与人之间的真诚和善良。消费应视情况来定,对于一些情况可以不破费,要有自己的消费方法和消费限度,要量力而行。

第三节 内蒙古大学生消费价值观存在的问题

一、超额消费行为明显

近年来,小额贷款行业持续崛起,在包括产业扶贫、创业、大件物品消费等方面发挥了积极的作用。但是,我们也看到一些不良借贷公司将目光瞄准大学校园,通过与科技公司合作等方式进行诱导性营销,发放针对在校大学生的互联网消费贷款,引诱大学生过度超前消费,导致部分大学生陷入高额贷款困局,不仅影响在校大学生正常学习生活,更可能让大学生成为不法分子利用的对象。

根据统计调查,来自城市的大学生借贷需求占消费的1.16%,生活在牧区的大学生借贷需求占消费的2.42%,是城市学生的2倍左右(见表3-4)。我们在走访中发现,在选择网络信贷的受访大学生中,超过半数的偏好原因不是基于消费选择和长远规划,只是短期缺钱,这直接导致了部分大学生病急乱投医,最后出现还不起钱的情况。也就是说,牧区大学生和城市大学生相比,更容易出现短期内缺钱的状况,其原因主要为家庭经济收入低。牧区大学生的家庭经济收入来源于放养家禽。根据《半月谈》杂志的调研,不少牧户每年的收入少则近十万、多则几十万,但他们的生活却并不富裕,大部分家庭都有外债,而导致这种困境的主要原因是生产生活的成本高,包括不合理的攀比式高消费等。例如放牧种地需要看天吃饭,遭遇灾年,牲畜越多,压力越大、风险越大、生活成本也就越大,再加上基本需要供养多个子女,导致入不敷出的现象极为普遍。牧区大学生来到城市上学,由于经济发展水平的不一致,吃穿用度上的消费自然会上升,从而导致短期内缺钱的现象明显,容易产生借贷行为,甚至出现"拆东墙,补西墙"的现象,向多个借贷机构持续借款,导致错误的后果。

二、消费结构不合理

消费结构是指各类消费支出在总费用支出中所占的比重。它是目标市场宏观经济的一个重要特征,能够反映一国的文化、经济发展水平和社会习俗。消费结构的质包括消费品本身的质量、生活消费中各种消费品的相互协调状况、消费环境和消费者本人享受各种消费品的能力,也包括直接反映生活消费过程中的舒适和便利程度,以及人们在心理上、精神上所得到的享受和乐趣。消费结构的量是各种消费对象的实物量和价值量的统一。消费结构从质与量的规定性出发可定义为人们在生活消费过程中所耗费的各种消费对象的构成及其协调程度。根据调查问卷数据反馈,发现内蒙古自治区大学生目前的消费结构可以总结为以下几个方面。

(一)生活消费仍为大学生消费的主导,且结构比较合理

生活消费方面,样本消费水平呈正态分布,11.53%的大学生每月消费在500元以下,65.44%的大学生每月消费在501~1500元,23.03%的大学生每月消费在1500元以上。月总消费方面,46.81%的大学生每月消费在1000元以下,45.69%的大学生每月消费在1001~2000元,7.5%的大学生每月消费在2000元以上。对比来看,大学生月消费的大部分都用于生活消费,处于消费的合理状态。饮

食、生活用品和服饰三个方面的开支在大学生生活消费中的占比位列前三,说明满足基本生活保障的消费开支对大学生是必不可少的。综上可知,生活消费占据大学生消费结构的主导,各项生活消费支出合理。

(二)娱乐消费比重较大,并呈现多样化趋势

娱乐消费方面,每月有23.2%的学生消费主要用于聚餐娱乐,17.1%的学生消费主要用于电子产品,10.3%的学生消费主要用于恋爱投入,11.6%的学生消费主要用于旅游,5.5%的学生消费主要用于办理视频网站的VIP(见表3-2)。此外,生活在城市的学生的娱乐消费比例明显高于生活在牧区的学生,男生在娱乐方面的高消费现象较为严重。大部分学生将娱乐消费用于聚餐、游戏、旅游等。由此可见,大学生进行的娱乐消费的情况处于正常、健康状态,没有向沉迷于酒吧、网吧的异化趋势发展。当今社会娱乐场所的兴起和旅游业的不断发展,成为了推动大学生进行娱乐消费的直接因素。综合来看,大学生的娱乐消费方式日趋多元,并且会随着经济发展和收入水平的提高而不断提升,未来娱乐消费可能会占据大学生消费结构的较大比重。

(三)社交消费占比相对较高,并成为月消费中不可或缺的部分

社交消费方面,分别有36.82%的学生表示自己每月的社交消费在500元以下,45.42%的学生每月的社交消费

在 500～1000 元，17.76％的学生每月的社交消费在 1000 元以上。处于城镇、城市与家庭月收入高的学生社交消费支出较大。总的来看，大学生由于社交群体较为固定，其社交消费支出也较为稳定。此外，大学生社交消费额会随着年级的增长而不断减少。月社交消费在 500～1000 元的大学一年级到研究生三年级受访者比例分别为 42.6％、28.57％、14.74％、9.4％、2.38％、1.61％、0.5％。总体来看，随着年级的增长，用于社交的消费在逐年级下降。综上可见，大学生随着实践经历的增长和社会知识的丰富，用于人情消费上的花费逐渐趋于理性。

（四）学习消费占比相对较低，但注重对其自身发展有利的消费

学习消费方面，有 13.85％的学生表示他们学习消费不到 500 元，74.15％的学生在学习方面花费 500～1500 元，只有 12％的学生表示自己用于学习方面的消费开支在 1500 元以上。对比娱乐消费和社交消费在大学生可支配金额上所占的比例，反映了目前大学生在学习消费上投入较少的现状。

综上可以看出，研究区内大学生消费结构存在不合理的现象，具体来讲主要有以下几点。

1. 消费结构发生轻微偏移

整体来看，大学生消费结构处于相对合理状态，大学生每月生活费的主导为生活消费，用于学习消费、娱乐消

费和社交消费的比例相对平均,但娱乐消费和社交消费的比重高于学习消费,极少数学生甚至将生活费的大部分用于娱乐和社交支出,消费重心发生轻微偏移。同时也说明部分大学生的消费观尚不完善,仍需加以引导。

2. 少数学生存在不理智消费问题

调查发现,部分学生在购买化妆品、服饰和电子产品时,仍会紧跟时代潮流,跟风消费,盲目消费,往往忽视了商品真正的实用性,造成了许多不必要的消费支出。追求品牌效应在大学生购买化妆品和服饰方面的表现尤为显著。此外,由于大学生群居性生活方式的特点,攀比消费的不良现象也一定程度上存在于大学生的消费现状中,这也给部分家庭条件不算优渥的学生造成了一定的心理负担。

3. 大学生过度超前消费,理财意识淡薄

通过调查结果我们发现,大学生生活费"月光族"的人数超过一半,而每个月选择将生活费进行理财的人却寥寥无几。在消费方式的选择上有超过三成的同学选择某呗、某东白条等网络借贷平台进行超前消费。超过50%的被访大学生将个人娱乐生活消费作为除必要消费之后最优先的消费。47%的受访大学生表明自己总是会购买一些没有用的物品,这说明内蒙古自治区大学生消费结构存在不合理趋势,盲目消费明显存在。而在娱乐生活上的过度消费,以及在网络购物上花费的时间精力则会进一步降低他们在专业学习上的注意力。

三、消费计划性不足

　　冲动消费是指消费者在外界因素促发下所进行的事先没有计划或者无意识的购买行为,冲动消费具有事前无意识、无计划,以及外界促发下形成的特点。冲动消费包括纯冲动消费(消费者事先完全无购买愿望,没有经过正常的消费决策过程,临时决定购买。购买时完全背离对商品和商标的正常选择,是一种突发性的行为,出于心理反应或情感冲动而"一时兴起"或"心血来潮",或是"图新奇""求变化")、刺激冲动型消费(消费者在购物现场见到某种产品或某些广告宣传、营业推广,提示或激起消费者尚未满足的消费需求,从而引起消费欲望而决定购买,是购物现场刺激的结果)、计划冲动消费(消费者具有某种购买需求,但没有确定购买地点和时间。如得知某超市要让利销售后,专门到该超市购物,但没有具体的购物清单,因而买"便宜货"是有计划的,买何种"便宜货"则是冲动的)。

　　大学生正值血气方刚的年纪,容易冲动。这样的特点不仅表现在他们对真理的追求上,也表现在他们对消费的追求上。很多时候大学生并不是因为需要某件产品才购买,而仅仅是因为喜欢就买,但常常买回去之后却发现这件物品并没有发挥自己预期的作用。这就是大学生典型的冲动消费。这种无计划的消费导致大学生入不敷出,也是现代大学生缺乏储蓄意识的表现。

　　根据问卷调查,研究区内大学生的冲动消费中,几乎包含以上几种冲动消费类型。总的来说,有近 1/3 的受访大学生承认自己存在冲动消费行为,容易购买一些性价比较差的产品,而来自城市的大学生在这一方面占比要更高于牧区大学生。同时,城市大学生的炫耀性消费支出也高于牧区大学生。这表明消费计划性不足的问题明显出现在内蒙古自治区大学生的消费价值观中,而生活在城市的大学生在消费中则显得更加非理性。

具体来说,促销行为是影响消费者冲动型购物的直接诱因。随着短视频的普及,各种类似于某音、某手等短视频 App 层出不穷,带货直播行业蓬勃发展。直播带货的兴起并非一时之举。直播经济蓄力已久,已有成熟的商业模式,再加上在新型冠状病毒肺炎疫情防控大背景下,推动线上新型消费发展,实现线上线下相融合,对提振经济动能具有非常重要的意义,消费者足不出户推动"宅经济"发展,线下客源稀少促进企业商家转向电子商务谋生存。"直播带货"能量巨大,有些主播能长盛不衰,在于他们的确带出了一批物美价廉的产品,那些昙花一现的网红正是输在产品上,即部分直播存在虚假宣传、货不对板、假冒伪劣、售后维权等问题。通过走访我们了解到,约一半的大学生都在某音、某手、某多多等平台上有过消费,大多都是在"便宜有好货"加网红效应的刺激下产生的冲动消费行为,而且都在不同程度上遇到过虚假宣传、货不对板、假冒伪劣、售后维权等问题。当代大学生性格特点及思想观念受社会环境、流行文化元素影响,多面性和可塑性强,心境变化突出,对新产品有浓厚兴趣,较多考虑商品外观和个人兴趣,易受广告宣传的影响;活泼好动,注意力易转移,兴趣易变,审美意识强,易受商品外观和包装的影响。

四、消费期望存在心理落差

心理落差指对自己的期望值过高,或是原本拥有的却因为特殊原因而失去,从而无法实现或是很难实现,理想与现实产生落差。具体到消费行为上的心理落差来讲,就是指消费者在需求心理、购买动机、消费意愿等方面对自己本身有一个目标或者定位,然而,由于现实原因或者实际情况导致本人的消费意愿和消费行为无法实现或是很难实现,造成心理上的落差。大学生在消费行为上存在的心理落差主要表现在可支配的收入上。具体来讲,研究区域内的大学生普遍认为目前手里可支配的收入与本人的购买欲望不成正比,且通过问卷结果统计,生活在城市的大学生比生活在牧区的大学生消费要高,这主要取决于城乡的家庭收入差距。由此可以看出,制约其消费的是家庭经济状况。50%的同学期望生活费能在现有基础上再增加,这一点在城市大学生和牧区大学生中占比是一样的,如图3-4所示。这表明区内大学生在消费期望与实际消费上存在心理落差,为了追求个人在心理上的满足,补平高消费行为中的心理落差,很有可能形成追求过度消费的倾向。如果同辈群体之间的消费结构差距过大的话,容易造成心理压力,对大学生的性格和心理发展产生负面影响。

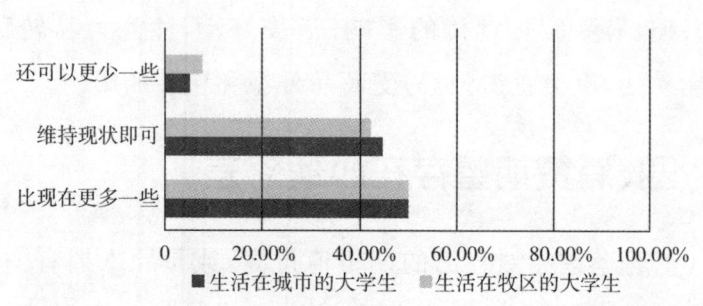

图 3-4　消费期望在城市大学生和牧区大学生中的占比

第四节　内蒙古大学生消费价值观存在问题的原因分析

一、学校价值观教育缺失

价值观是人们关于人生、社会和自然界的评价和判断,是人们进行事物评价的依据,对人们行为的方式和行动的方向有着指导、限制和约束作用。好的价值观会使人形成积极向上的人生观,而劣的价值观则会使人形成消极低迷的人生观。价值观具有主体性、超知识性和多元性等特性,其形成要求价值观前后具有一致性。

检索区内所有大学的课程教育体系,发现缺乏整体的价值观教育,区内高校消费价值观理论和实践教育的缺失导致大学生在形成消费价值观的过程中缺乏正确的引导,容易被社会上和家庭中错误的观念浸染,且无法及时地做出正确的处理和调整,尤其是在地区相对偏远的牧区家庭,父母教育本就比较落后,而问卷也显示出有71.15%的大学生愿意去听消费价值观方面的课程。这表明区内大学生实际上对消费和理财方面的教育有相当高的需求,而自治区高校教育目前并没有满足这种需求的相关课程或指导纲要。从价值观的特征及形成规律,结合本研究的基础调查数据分析,研究区内高校现行价值观教育存在以下问题。

(一)把价值观教育等同于知识教育,违背了价值观的主体性和超知识性特征

价值观的主体性指价值观不是先天的、自生的,而是价值主体生活阅历的观念积淀或主观反映。价值观的超知识性是指价值观不同于知识,知识是对"是什么"的回答,是关于宇宙人生的存在、运行、关系等的认识;价值观是对"怎么样""好不好"问题的回答,是在认知的基础上形成的判断或评价。知识是外在的,所以知识可以传授,也可以获得。价值观是内在的,是价值主体把外在的见识、阅历与内在的欲望、动机、兴趣、情感等个体意识因素相结合,经过复杂的加工、提炼和抽象的结果。因此,价值观不是获得而是形成或认可。价值观教育不等同于知识教育,需要更多在学生的自我认知、世界认知和外界认知等方面下功夫。

当前,虽然高校将消费观教育纳入大学生思想政治教育或者理想信念教育范围,但内容上还带有广义消费教育的特点和痕迹。综观高校所开展的消费观教育内容,更多的是广义上的消费价值观,在教育内容上较宏观,还不够

细化。大学生作为消费价值观教育的对象,只将其作为广大消费者的一部分来考虑,并没有把他们作为一个群体进行单独的考察。因此在针对性的价值观教育当中,缺少对大学生个人成长特性的判断,没有意识到价值观教育面向的是有血有肉的、面向各异的、具体的个人,而只是像知识教育一样进行了传授与灌输。同时,教育内容照搬或者套用各级消费者协会所设定的内容,主要以加强消费者权益保护法规的教育以提高生产经营者守法意识和消费者维权能力为主。而通过学生社团宣讲消费者协会提供的有关消费法律法规教育、消费技术教育、消费决策教育方面的材料,以消费者权益保护法的宣讲和解读消费维权案例为主要内容,以消费投诉和消费维权为主题,没有细化到大学生这一特殊消费群体。

(二)学生价值观整齐划一的培养要求违背了价值观的多元性特征

价值观的多元性是指历史或现实社会中存在着多种不同的价值观,不同的价值主体往往也具有不同的价值观。世界的多样性、人的差异性决定了价值观的多样性。一方面,现实世界不仅有本质上的不同,而且在形式、数量、规模、速度、时间、空间等方面也各不相同。这种多样性是价值观不同的客观基础。另一方面,不同的人因具有不同的特质、情感以及人生阅历,对生活、自然和社会的感触不同,其价值观念也不相同,即使处在相同的情境下,其价值观也可能不同。例如,同一个学校、班级的学生之间,甚至同一个家庭中的兄弟姊妹之间,其价值观也不尽相同。即使同一个人,在不同时间、地点、心情或对世界的不同感知方式下,所做出的价值判断也不同。例如,面对"下雨"这一最平常的事,同一个人在不同时间和地点的观点也不同。因此,要求价值观的整齐划一是不现实的。

目前,高校大学生消费观教育的内容过于宏观。价值观的教育整齐划一体现在固定主题教育活动和固定认知上,往往以思想教育代替消费观教育,在内容上只强调"艰苦朴素,勤俭节约",对消费观的具体内容没有深入展开,对大学生作为消费者的素质教育关注较少。有些高校重视绿色消费观教育,从保护生态环境的角度开展消费观教育,将内容确定为生态文明教育和绿色生活方式教育,具体包括生态文明素养、生态责任意识、生态情感体验、绿色消费政策、绿色思维方式、绿色消费行为等教育内容。除了宏观的消费观内容,在消费观教育的内容设计上,要坚持价值判断和事实判断的结合,即不仅要研究大学生应该具有什么样的消费观,也要看到具体的个人在消费观上的表现和困惑,要能重视并能回应大学生的合理诉求和教育期待。在经济全球化、商品交易智能化和数字经济的背景下,要使大学生成为一个理性、健康、积极的社会主义建设者,通过消费教育或者消费观教育使大学生掌握理性消费观念和基本的金融安全知识,以防陷入消费陷阱。

(三)学校教育价值观与教育活动开发力度不够

当前消费观教育活动开发不受重视,活动呈现出碎片化状态,缺乏主动规划,活动组织方面也不完善。有些高校直接从学院期望出发,选择惯用的、简便快捷的会议式、活动式、考核工作方法来开展消费观教育工作,学院定消费观教育方案,学生干部领差事,学生轮流按学号被拉去强制配合,其强制严肃的氛围使大学生有一种思想被束缚的感觉,并伴随警觉性和抵触情绪,消费观教育难以产生效果。有的高校甚至连类似的价值观教育都未组织。

在问卷调查中,有34.46%的学生认为学校的教育引导未对本人的消费价值观形成产生重要的影响,有71.15%的学生表示"假如学校开设了有关消费价值观或者个人财务管理的课程讲座,我非常愿意去听"。因此,开展消费观教育,既需要宽阔的视域、宏观的视角,也需要进行细致的、微观的观察和调查,综合运用理论教育法、典型教育法、隐性教育法、自我教育法、情景教育法和劳动教育法等方法在消费观教育活动开发上做出积极应对,还需要用符合时代要求的、贴近学生实际的消费观念来引导和教育大学生,培养大学生理性选择和正确判断的能力,给大学生提供稳定的价值内核,并经过反复实践,为大学生的成长和自我定位提供良好的校园环境。

二、大众传媒的错误引导

当代大众传媒作为一种全新的社会力量,已经成为影响大学生成长和发展不可忽视的重要渠道,对大学生的覆盖和影响越来越大。高新技术的迅速发展、社会信息化趋势的日益显著、各种传统媒介手段和传播方式的巨大变革、互联网等新型媒体的兴起,为当代大学生的发展既提供了新的机遇,也带来了更大的挑战。

大众传播的娱乐化有其积极意义所在。首先,大众传播的娱乐化是对受众心理需求的满足,是对受众合理要求的积极回应。我国的大众传媒不可能再倒退回从前单一的为党和国家政策作宣传工具的时代。由于我国的特殊国情和历史,大众传播的娱乐化也是大势所趋、人心所向。上海大学文学院教授、博士生导师葛红兵认为:"泛娱乐化不会害死人,也不会真的危害社会,一个洋溢着自由和欢笑的社会总比一个拘谨和压抑的社会更好。"其次,大众传播的娱乐化是"看不见的手",即市场起调节作用的结果。通过市场竞争而形成的娱乐化趋势,是符合市场需求的产物。市场的合理化配置与资源整合有助于电视媒体不断发展壮大,形成规模和产业。例如新型冠状病毒肺炎疫情期间,线上的网络直播带货行业蓬勃发展,扶贫产业利用直播平台销售量暴增,消费者既买到了物美价廉的产品,商家又从中获得了经济利益,在一定程度上减轻了新型冠状病毒肺炎疫情对我国经济的冲击。而当代大学生作为具有强烈爱国主义精神的一代人,比较容易接受以"扶贫""助农"等为主要购买目的的消费行为,所以结合当下的实际情况,大众传媒的商业化、市场化及娱乐化都对大学生树立正确的消费价值观起着一定的积极作用。

相反的,大众传媒对大学生消费观的树立存在的负面影响也是比较大的。首先,由于市场监管的不到位,对于泛娱乐化的大众传媒,尤其是对于受众面最广、泛娱乐化程度较高的媒体而言,其不仅仅降低受众(大部分受众都是大学生或者年纪更小的青年学生)的文化品位,还将损害其基本判断能力。例如经常出现在各类传媒App上的借贷小视频,他们所选取的视频内容大多与当下大学生的生活紧密结合,展示的是部分大学生面临的现实消费窘境。例如在大学生可支配收入有限的前提下仍需进行的社会交往、恋爱花费、兴趣爱好、美容美妆等活动,选择的演员也是年龄相仿、容貌普通的演员,极容易引起大学生的认同感,从而在此诱导下进行借贷消费。消费者不断地受到泛娱乐化传媒产品潜移默化的影响,久而久之,在浓厚的娱乐氛围下,受众对善恶美丑的概念都会变得模糊不清,区分高雅与低俗的能力将丧失,而大众传媒将会用更低俗的产品占领市场、取悦受众,这对世界观、价值观和人生观正在构建中的大学生而言,无疑是极其可怕的恶性循环。

其次,将本身极其严肃的东西用娱乐的方法予以加工再向外传播,这种泛娱乐化大众传媒的惯用做法将会使整个社会缺乏必要的责任感。2020年,国家广播电视总局关闭了一批网络吃播的账号,原因在于其在拍摄视频的过程中,通过剪辑展示食品的美味,从而造成了大量的食物浪费。吃播,顾名思义是"吃东西直播",这种行为兴起于韩国,在韩国走红后,中国也有不少主播在直播平台直播自己吃饭的过程。不少博主打着"大胃王"的幌子吸引流量,靠吃饭直播赚钱。2020年8月12日,央视批评了"大胃王吃播"行为,称此举浪费严重,误导消费。目前,虽然行业规范进一步加强了,但部分视频网站上仍存在大量"颜值高""胃口大""吃不胖"的吃播视频。"吃播"之所以在大学生中广泛流行,有人分析认为,青年学生正处于"自我提升"阶段,爱美瘦身流行,通过"吃播"引起饱腹感是一种替代性心理满足方式。此外,对于部分离家较远的大学生,"吃播"在一定意义上还承载了治愈的功效。"主播边吃边聊能够缓解观者孤独感,发挥出陪伴性社交的作用"。但是,"博眼球"的吃播长期发展下去会导致整个社会和广大受众丧失社会责任感和使命感。吃饭作为严肃的事情被大众传媒泛娱乐化之后,造成了严重的浪费现象,引导了错误的消费行为,很可能使得人们所自认为的责任感、使命感乃至背后的价值观异化为一种非传统意义上的、带有娱乐性质的错误观点。如果连责任都变成了一种娱乐,那将是整个人类社会的悲哀。

三、西方消费主义思潮的影响

马晓利在《分析"90后"大学生消费心理与行为现状》中提出,"90后"大学生是完完全全生活在中国特色社会主义市场经济高速发展时期的特殊群体,由于政府和社会建设层面对于精神文明建设引导的缺失,使得过旺的市场驱利心理没有得到很好的引导和正确的对待,导致功利化趋向和取向都较为明显。生长在这样社会大环境下的内蒙古自治区的大学生也不可避免地被社会因素所影响,形成炫耀性的消费特征。

前文讲过,消费主义是产生并流行于西方世界的一种理论范式和社会思潮。它鼓励人们极力追求炫耀性、奢侈性消费,追求无节制的物质享受,将物质消费看作生活目的和人生价值。消费主义崇尚感官刺激、物欲至上、享乐第一,忽视人的精神追求和全面发展,是一种有悖于人的本质的消极文化形态。消费主义思潮随市场经济繁荣和改革开放的推进传入我国,而大学生是能够迅速吸收和认同先进文化的群体,在此前提下,消费主义思潮快速渗透于大学生社会生活的多个层面并对其产生重要影响,也必然对其社会主义核心价值观的构建产生明显影响。

在调查问卷中,有86.65%的学生认为消费行为中存在虚荣消费现象;有63.66%的学生认为消费行为中存在过于追求、提前享受的现象;有37.52%的学生认为造成当前大学生错误消费价值观的影响因素为"受西方消费主义思潮的影响"。

(一)影响大学生正确价值观的形成

在消费主义思潮影响下,一些大学生的价值观与社会主义核心价值体系渐行渐远。他们把获得心理和生理上的满足作为人生的目的和意义之所在,认为人生的价值是用物质财富的多寡来衡量的,信仰、道德等精神层次的东西都是虚幻的。他们讲究实惠,急功近利,有些甚至提出中国几千年的优良传统——艰苦奋斗是已经过时的观点。在问卷调查中,有42.09%的学生认为目前手中可用于消费的金额无法满足本人的消费行为;有20%的大学生认同当下超额消费的行为;另有7%的大学生比较赞同利用借贷等方式满足消费。

(二)阻碍大学生正确择业观的树立

在消费主义思潮的影响下,一些大学生在评定一个人成功与否时,更多关注的是这个人物质财富的多少。过去,被人们所推崇的志存高远的理念在他们那里成为了过时的东西。这使他们极易形成浮躁的心态,过度地关注一个人外在的"物"的层面,而忽视内在的"人"的层面。此种观念反映在择业方面,就是他们把是否能在更短时间内实现财富梦为首要的择业标准,极个别的大学生为了实现这一目标,甚至做出一些有悖道德与法律的行为。

(三)不利于大学生和谐人际关系的建立

消费主义思潮使大学生之间的团结,甚至同亲人之间的信任关系都受到了冲击。一些大学生为了不当消费,通过编造各种理由从父母那里要钱;有的大学生为了满足自己的消费欲望,即使家里不算贫困,也通过各种手段去争抢有限的贫困补助。一些大学生的消费行为,特别是炫耀性质的消费行为,对那些来自贫困家庭的大学生造成了一定程度的心理压力和自卑感,促使他们"只能选择和同学主动疏远",这种现象叫作"自我排斥"。

(四)妨碍大学生尊重自然理念的确立

弗洛姆就认为,在消费异化的作用下,"由于人们把消费当作目的,因此总是喜新厌旧,以至于忘记了在他自己国家里和更贫困的国家里还有许多衣食不济的人"。大学生在消费主义思潮影响下所形成的"用后就扔,即刻满足"的"易拉罐"式的生活方式,必然会对资源和环境造成极大的浪费和破坏。这不但严重破坏了人与自然的和谐,而且对我国的可持续发展也是一种严峻的挑战。

第四章 内蒙古大学生消费价值观教育的对策

第一节 完善学校教育体系

学校教育引导对于培养、塑造禁止浪费的消费价值观的习惯和文化易见成效、影响深远。教育部办公厅2020年发布了9号文件《教育系统"制止餐饮浪费 培养节约习惯"行动方案》,文件要求要把勤俭节约内容有机融入高校思想政治理论课、高校形势与政策教育宣讲中。高校作为思政教育的主阵地,必须落实习近平总书记的不浪费一粒粮食的消费理念,使消费观教育成为思想政治教育新的生长点,完善学校教育体系,将把消费价值观教育纳入到课程建设,借助丰富多彩的校园主题文化活动渗透、丰富大学生消费价值观教育内容和实践,培养思想政治教育工作队伍等方面的理论结合实践活动提上价值观教育。

一、发挥思想政治教育课主渠道的作用

2019年,中共中央办公厅、国务院办公厅下发的《关于深化新时代学校思想政治理论课改革创新的若干意见》

(以下简称《意见》)针对思政课存在的问题,提出了全面的建设意见,为新时代学校思政课建设指明了方向。用习近平新时代中国特色社会主义思想武装大学生头脑,是党和国家不断推进新时代中国特色社会主义伟大事业的重要人才保障和思想保障,也是切实保障思政课改革创新取得实效的重要举措。思想政治理论课是高校思想政治工作的主力军、主阵地、主渠道,在"培养什么人、如何培养人、为谁培养人"这个根本问题上发挥着至关重要的作用。学习贯彻落实《意见》,提高高校思政课实效性,应着力发挥好教师队伍"主力军"、课程教材"主阵地"、课堂教学"主渠道"的作用。

高校人才培养的最终目标是遵循人与教育的发展规律,实现大学生的自由全面发展。现代高等教育是以专业知识教育为主,侧重大学生的科学文化素质培养,强调对理论知识与职业技能的教育。然而,大学生的自由全面发展更重要的是实现自身思想道德素质的提高,即价值观与政治社会人格的培养。高校思想政治理论课能引导大学生把握时代脉搏,树立远大理想,增强民族观念、国家意识、社会责任与奉献精神;帮助大学生提高马克思主义理论素养,增强辩证思维能力,理性认识和处理历史与现实、个人与国家、权利与义务、自由与责任的关系;鼓励大学生努力追求人生价值,正确面对生活困难与挫折,磨砺意志,塑造品格,增强自我教育、自我约束和自我管理的能力。

深刻的理论、成熟的思想观念和良好的道德原则等精神文化一经大学生学习和掌握,便成为其内在的精神力量,能对自己的价值观起到良好的定向作用,帮助大学生获得宽阔的视野,更好地认识错综复杂的消费生活。思想政治理论课虽然没有专列章节讲授消费理论,但可以采取多样化的教学方法,从内容的结合点上引入消费观教育内容,从而引导大学生树立健康、科学的消费观。

在教学内容上,将消费观教育融入思想政治理论课。例如,可以将生存型消费、享乐型消费、发展型消费导入到形势政策课中,通过讲述消费现状和消费发展历史,讲清消费的层次性和不同层次的消费的特点,引导大学生根据自身家庭情况和实际需要,把生活消费合理分配,引导大学生在大学阶段重视发展型消费。此外,在教学中强调我们每个人作为消费者要有道德责任感,弘扬勤俭自强和昂扬向上的精神气概。一方面,以讲故事的方式促进大学生对古代先贤背后所蕴含的价值观进行深入地了解,对其所代表的道德知识形成认同,引导大学生感受消费伦理本身的魅力,激发大学生对道德及消费伦理的崇尚;另一方面,系统灌输消费方面的法律法规知识,通过案例剖析消费生活中消费维权细节,鼓励同学们要敢于为争取正当的消费者权益而维权,从大学生做起,从细节做起,净化消费品市场、维护市场正常秩序。

在教学方式上,关注大学生的自我成长和精神成长。伴随着网络终端设备成为大学生日常生活的必备工具,大学生在获取知识方面已经明显有了变化,网络搜索成为大学生解决学习问题的最佳途径。当前大学生的网络搜索能力很强,借助各搜索软件,感觉自己对所有的知识无所不知,轻易地睥睨人事,自我感觉非常良好。实际上部分大学生让自己的心飘在了空中,对深度学习、深度思考和深度记忆提不起兴趣。当前的大学生已不再认为老师、前辈、书本等已有知识总是对的,相反他们认为没有知识是全真的。以往知识积累主要是依靠灌输和记忆达到量的积累,当前知识更新加速,各种信息呈爆炸式呈现,学生忙着用智能手机浏览杂乱的海量信息;以往主要依靠求同思维,以记和背、以服从与配合作为进步表现,当前知识的获得更重要是要学会筛选、淘汰、取舍,依靠求异思维,以创新为己任。因此,思想政治理论课的教学由以教师课件为主的嘈杂喧嚣状态转变为师生双方共同探讨问题的务实状态显得尤为重要,贴近大学生的实际组织教学,把消费知识和金融知识的学习纳入思想政治理论课的相关章节,以实现对大学生价值取向的引导和对大学生价值观的塑造。

二、借助主题教育活动融入校园文化

校园文化是以学生为主体,以课外文化活动为主要内容,以校园为主要空间,以校园精神为主要特征的一种群体文化,指学校所具有特定的精神环境和文化气氛。它包括校园建筑设计、校园景观、绿化美化这种物化形态的内容,也包括学校的传统、校风、学风、人际关系、集体舆论、心理氛围以及学校的各种规章制度和学校成员在共同活动交往中形成的非明文规范的行为准则。校园文化是课堂教学的必要延续和补充,是整个教学活动的重要组成部分,构建校园文化活动有利于提高学生的素质,培养健全的人格,培育学生树立正确的价值观。

校园文化活动具有重要的育人功能,校园文化活动的开展能够为消费观教育营造良好的氛围,起到事半功倍的效果。自教育部于2016年和2018年先后印发了关于防范校园网贷风险的文件后,各高校有组织地开展了校园不良网贷的治理和风险警示教育工作,也开始意识到要加强对大学生消费观的教育。将消费观教育融入高校校园文化活动当中,面向全校,立足于金融安全教育和财经常识的普及,旨在提高大学生金融安全防范意识和财经素养,发挥校园文化活动面向生活的德育优势,引导学生在具体情境中反思自己的欲望和消费需求、注重反躬自省、在自我教育中获得体悟、在社会化过程中学会自律,帮助大学生确立清晰的消费法制意识和道德责任意识,对自己负责、对未来负责、对家庭负责。

(一)寓消费观教育于第二课堂平台之中

选择富有时代气息、教育性强、学生兴趣浓厚的消费观议题,通过开展辩论赛、小组讨论、主题演讲等活动启发学生对消费生活的观察,从社会学、经济学乃至从价值观的高度去思考和反思日常消费生活的利弊,提升学生的财经素养。积极利用第二课堂校园文化活动平台,挖掘价值观教育主题活动,根据各学院实际情况制定主题明确的"一院一品"活动,选择一个特定的月份进行集中展示,在校园里粘贴宣传海报、在广播台播放各学院的主题,在公众号平台上广泛推送。

具体来讲,例如举办辩论赛,在传统辩题的基础上加入一些消费相关的辩题,让学生充分辩论,引导他们重审身边的消费价值观。比如,移动支付是生活的"帮手"还是生活的"黑手";大学生分期支付利大于弊还是弊大于利;是否应该叫停外卖进入校园;大学生直播应该被允许还是不应该被允许;宅文化让生活更精彩还是让生活更颓废;大学生可不可以追求名牌;钱是万能的还是不是万能的;在校大学生积累知识更重要还是塑造人格更重要。在每一场辩论赛的结束,鼓励参赛的每一分队趁热打铁把这场辩论中的精彩观点写下来,也可以采集现场观众席上同学们的思想闪光点,把论辩的成果放在校报、广播台滚动发布。将消费观教育引入竞技辩论中有利于变消费观内容的"全面铺开"宣讲为"重点展开"式深入讨论,通过论证过程的展开和深入式地追问,使得学生们在围绕辩题的争论中加深认识。

(二)举行"全覆盖"式消费观教育主题班会

在全校范围内开展消费价值观教育主题班会。讲清"超前消费"弊大于利,经常使用某呗等分期付款工具会连带养成超前消费的习惯,一旦过惯了分期贷款下"买买买"的高消费生活,很难再适应勤俭克制的平常生活状态。网络信贷平台和分期付款还容易诱惑人过度消费,使人难以把控消费的欲望,陷入消费的无底洞。没某呗的时候每天平淡舒服,有了某呗,花销没了上限,都不知道钱花哪儿去了,欠债还钱的经济压力如影随形,生活反而过得紧巴巴。只有理性、适度消费和对网络支付、分期支付保持警惕,对自己的消费有计划并坚持"量入为出"的原则,才能杜绝负债消费和远离"校园贷"。其他可以围绕"崇尚勤俭节约、抵制冲动消费"开展班级讨论,用古今中外的故事、名言警句来给学生作深度解读,学习这些案例中所蕴含的人生智慧和远见卓识;邀请学校附近派出所的相关专业人员对"校园贷"等实际案例进行讲述,内容以大学生实际在不良"校园贷"中受到的伤害为主,进一步进行警示教育,提升大学生在消费中的警惕心理。

(三)开展"立体化"的消费观宣传教育活动,引导大学生树立个人征信意识,弘扬诚实守信文化

在每年的毕业生离校前的那一学期,通过橱窗报栏、校园内各处电子屏、横幅等载体普及诚信征信知识,宣传按时还生源地助学贷款的重要性。以"征信引领未来""诚信立身"为主题,邀请银行工作人员来校举办讲座,印制专门的宣传册,并将相应的电子文档通过学工系统工作网页、公众号等向同学们详细讲解征信概念,包括个人信用报告的查询方式、个人征信报告在以后生活中如何影响个人社会信用等相关知识,告诫学生如有在银行发生借贷业务,就会有个人的信用信息记录,信用卡也不例外,个人信用记录不良会影响未来的贷款买房、买车。

因此,个人信用是每个人的"经济身份证",提醒学生要保持良好的信用记录。在日常的校园文化建设中,每年举办"讲诚信""学征信""守信用"新媒体作品大赛,将获奖的微视频、微电影进行点评并向全校推介,为广大学生个人信用知识的学习和诚信道德的教育搭建一个学习平台和宣传平台,无形当中也营造出良好的、诚信守信的校园氛围。开展形式多样的校园文化活动有助于引导大学生培养良好的消费观念和文明的消费行为,坚决抵制各种有害文化和腐朽生活方式的侵蚀,引导大学生自觉遵守勤俭自强的道德规范。

三、建设思想政治教育工作队伍

高校要建设一批高效的学生工作队伍是发起和开展消费观教育的组织保证。文件《大力加强大学生思想政治教育工作队伍建设》明确了辅导员、学校共青团干部、班主任、学校党政干部、思想政治理论课教师和哲学社会科学课教师都是高校大学生思想政治教育队伍的构成力量。班主任作为直接面向学生的一线骨干力量,是大学生思想和生活的引路人。辅导员在高校可谓是大学生的"贴身保姆",平时深入学生宿舍和班级多,工作中直接经手评选各项奖助学金,对贫困生消费困境的帮扶和解困主要还是依赖于辅导员和班主任。院级学生会干部和班级学生干部是辅导员的延伸和左臂右膀,他们最能了解本院学生的不同家庭经济状况,对不良消费动态有着直观的感知,可以组织学生干部编写本院学生消费现状的滚动报告。

高校还可以借用现代网络技术,参照目前大学生新生网上报到系统的开发模式,搭建社会、学校、家庭"三位一体"的教育引导模式,为在日常生活中引导大学生消费观教育架桥和搭建平台,让学生家长快捷、准确、全面地了解子女在学校学习和生活的情况,向家长介绍在校大学生在学校主要的消费支出,使家长对学生的支出情况做到心中有数,并向他们说明父母关注子女消费的必要性,争取父母的理解和支持,使家庭在引导大学生消费观方面更具针对性。

依托各学院学生工作办公室和学生会组织,加强集体建设和朋辈正面教育,搭建学生交往平台,以弥补大学生人际交往的不足,客观上也有助于降低人际消费和个人情感消费费用。大学生人际消费的初衷也就是人际交往的目的是什么?是为了获得情感支持,找到朋辈和集体归属感,交流信息互相学习,互帮互助解决问题,这些直接关系到大学生的生活质量。在密切人际沟通和提供社会支持方面,高校大有可为。

第一,人际消费一个很重要的初衷是获取信息和交换资源,学校和学院要把信息公开做好,把有关学生成长、学习资源、学生评优、学术活动开展及就业信息及时发布出去,做到准确高效,同时在自媒体上建群组,形成"传、帮、带"氛围。

第二,通过集体消费来减少大学生人际消费的支出。为了找到归属和尊重的需要,与人交往是必不可少的。可以为学生开辟本院的考研自习室,让大学生在共同备考中相互激励。这些活动组织得好,可以大大减少大学生人际消费的成本,并且比通过吃饭建立联系、获取信息来得更实在,无形中创造了一个信息共享的氛围,形成了"传、帮、带"人际交往模式,其一方面可通过互助往来解决具体问题;另一方面,这样的人际交往健康向上,届届相传,势必形成好的学风和院风。

第三,多举行结对或联谊活动,通过新生班主任制度、导师制和驻校蹲班工作责任制等,让学院专业课教师、学生会的力量和学生党员深入新生中,让高年级学生干部、成绩优秀的学生、有特长的学生深入低年级学生中,推广健康生活和健康消费小贴士,分享节约小妙招。

四、构建完善的教育制度管理体系

管理体系较其他体系来讲具有很强的实效性。对错误的行为习惯及反映的不良价值取向,仅仅靠说服教育,在有些人身上不一定能奏效,借助管理载体发挥出管束作用,把工作要求通过规范的管理向大学生提出来,即使大学生思想上暂时不接受,但管理的刚性要求和明确规定,大学生往往不会触犯、不敢违背,从而使得大学生在一次次的服从中得到对规章制度的反复"操练",也可以逐渐养成良好的习惯。

以正式通知、严格的学校文件的形式告知大学生,明确禁止大学生涉足网贷。告诫学生不要做校园网贷的帮凶,对校园贷的线上线下信息不转发、不关注,禁止本校学生从事分期付款平台的校园代理,凡是有拉本校学生签约校园贷并从中抽取巨额分成者,公安机关会介入调查。在劝阻校园贷方面,学校通过出台明确具体的管理制度让全校上下严格执行,综合运用说服教育、管理手段及宣传手段,对大学生能做什么、该做什么、不能做什么和不该做什么进行明确界定,因而具有更强的规范性和约束性。明确的制度和严格的管理能将普遍预防与重点预防结合起来,一方面做到从思想上对所有学生进行集中的事先教育,将绝大多数人的思想引导到正确的方向,避免错误思想和行为大面积的扩散;另一方面还加强了对重点学生的管理,重点解决关键部分和少数部分的挽救和纠正工作。

第二节 发挥网络媒体平台的作用

网络媒体作为时代的特色产物,它的崛起以互联网技术为依托,成为继报刊、广播、电视之后的"第四媒体"。它具有受众地域广泛、信息海量且传播快、互动强、影响广泛等特点和优势。大学生是一批具有一定文化基础和崇尚进步、紧跟现代文明的当代知识青年,是对于网络媒体这一新型媒体丰富的信息资源表现出极大热诚的人群。网络媒体的发展促进了社会、文化、经济等领域的变革,对今天人类的生存方式、工作方式、交往方式乃至思维方式的变化,尤其是对当代大学生价值观的形成的影响力是巨大的。

一、借力网络载体构建网络消费教育阵地

借力网络载体构建网络消费教育阵地,发挥网络育人功能。可以开展放心消费创建活动,其实质是通过整顿和规范网络销售的市场秩序,营造安全放心的消费环境,保护大学生消费者的合法权益。借助创建网络载体,由政府相关部门或者教育厅牵头,有效整合相关市场管理监督部门、高校、社会团体、行业协会、新闻媒体等多种资源,一方面,有利于形成工作合力,推动互联网销售的自律和经营行为的规范;另一方面,充分利用大学生的消费习惯和消费观念,构建多元化的新型消费价值观教育工作机制。

与以往普遍的教育方式相比,网络教育的优势十分突出。这种优势主要表现在信息量大、传递速度快、平台广泛;时间、空间限制较小;学生选择的余地大、主动性得到发挥;可以更好地实现资源共享,而且与课堂灌输相比,网上的教育更能够做到潜移默化、春风化雨。利用网络开展价值观教育,必须依托并充分利用网络优势,整合教育资源,通过构筑网上教学基地、建设网上教育课堂、推动网上文化活动,建立起一个内容丰富多彩、形式活泼多样的网上价值观教育系统,努力提高网上消费价值观的实效性。

通过网络对大学生进行消费价值观的教育要做到以下几点。

1. 构筑网上价值观教学基地

创建符合大学生消费实际情况的思想理论教育系统,

把它作为高校价值观教育的重要渠道,系统模板可以参考已有的相关平台,将消费价值观的形成发展、研究现状、形式表现、理论内涵等进行不同的分类,在每个分类内容下充实相关内容,可以是文字、海报、视频、宣讲、课程等不同内容的载体,具体可以由高校思政教育课的师资队伍进行设计,从而构筑一个领域众多、内容丰富、精品荟萃的网上思想文化教育的宝库来满足学生的需要。

2. 建设网上教育课堂

诸如"名人演讲厅"、网上团校、网上学术沙龙等。邀请高水平学术大师来校为师生做有关消费价值观教育的报告,并对报告及时进行记录整理并在网上设置"名人演讲厅",以让更多的同学能及时、充分地享受、品味这些"知识大餐",汲取精神营养。负责学生工作和共青团工作的部门可以开设网上团校,设置"价值观学习释疑""消费指南""价值观理论设计""消费趋向发展""实例讲述""财务专家访谈"和"警示教育"等栏目,使之成为青年学生喜爱的"信息源""答疑解惑"和"信息速递"等栏目,使之成为青年学生喜爱的"消费价值观教育导航灯"。

3. 推动网上文化活动

丰富多彩的校园文化活动是进行思想政治教育的有效载体和主要形式。同样,网上的消费价值观主题文化活动应该成为网上消费价值观教育的主要形式。学校应利用校园内部的计算机教室,积极引导和支持学生分批上网,内置各类与消费价值观有关的网络文化活动,鼓励他们开展消费价值观网上征文、网上主题设计竞赛、坚持做到"绿色消费"集体签名活动等有特色的网上文化教育活动。总之,以网络为平台的消费价值观文化活动可以分批次、分类型开展,抓住学生的兴奋点,让受教育者在潜移默化中得到熏陶,达到"润物细无声"的效果。

4. 着力强化网络管理功能

要有效发挥网络阵地的作用,扩大网络阵地的积极影响,必须加强管理和注意防范。既要重视占领阵地,丰富和完善网上教育的内容和方式,又要注意巩固阵地,抑制和克服网络的负面影响。只有负面的东西受到抑制、得以克服,正确的、积极健康的东西才能更好地发挥作用。可以说,管理是否有力、防范是否有效,是增强网络阵地影响力的关键所在。为此,在开展正面教育和有效服务的同时,着力强化管理功能,要专门建设网上价值观的管理系统。例如,建立工作管理系统,建立文化素质教育信息管理系统、共青团的组织管理信息系统、学生工作管理信息系统并逐步发挥作用,同时强化管理防范系统。通过建章立制,规范网上言行,在思想政治课、信息技术课和讲座中充实网络道德、网络法制观念教育的内容,增强学生在网络上分辨能力。

二、充分发挥校园媒体的积极作用

高校校园媒体是国家新闻媒体的组成部分,主要包括高校校报、校园广播台、校园电视台和校园网络等。其中校报、校园广播台和校园电视台是校园媒体的传统形式,校园网络则是随着互联网的普及而出现的新型媒体。从更宽泛的角度来说,师生社团报刊、院(系)报刊、校友联谊报刊、班级墙报、宣传橱窗、宣传条幅等也可以说是高校校园媒体。校园媒体在高等学校深化教育教学改革、促进教学质量和办学效益不断提高、加强精神文明建设和培养高素质人才等方面发挥着重要作用。中共中央、国务院《关于进一步加强和改进大学生思想政治教育的意见》中明确要求"加强校报、校刊、校内广播电视和学校出版社的建设","主动占领网络思想政治教育新阵地",以此"努力拓展新形势下大学生思想政治教育的有效途径"。因此在消费价值观教育当中,要加强对高校校园媒体的管理建设,善于运用校园媒体宣传正确的消费价值观。要重视发挥各种校园媒体尤其是网络媒体的作用,推动价值观教育工作更加全面有效地开展。

当前的教育体系下,校园媒体作为信息传导的媒介,是最被广大青年学生所重视和接受的。在大学生价值观体系构建的过程中,如果出现了比较明显的问题和消极的趋向,校园媒体及时地反映这些变化并正确地引导舆论,有利于高校实现改革和发展的目标,有利于高校人才培养目标的实现。各种校园媒体在进行报道的过程中要把握好正确的舆论导向。因为不论是校报、校园广播、还是校园电视,在进行报道时总是要先确定自己的宣传导向。而这些宣传导向就是始终坚持以科学的理论武装人,以正确的舆论引导人,以高尚的精神塑造人,以优秀的作品鼓舞人,培养青年树立正确的价值观。同时,针对社会和高校内部师生共同关心的消费活动中的热点、焦点、难点问题,适时适当地进行舆论监督,也有利于形成一种强大的影响力,有利于营造大学校园和谐发展的良好氛围。

在高校,大学生作为一个年轻而又活跃的群体,对新鲜事物的需求和学习能力是很高的。高校媒体在仅有纸质媒体的时代,其传播功能无法得到充分发挥。而在拥有了电视和校园网之后,学生则可以通过它接触到超前的、先进的、最新的事物发展,通过校园网络媒体平台对网络消费、借贷消费进行正确的引导,既充分发挥了高校校园媒体的功能,又能避免大学生因为缺少对网络消费行为的了解而被诱导消费、误入歧途的现象发生。同时,校园媒体通过对校园中有关加强理论修养、人文修养、艺术修养的方方面面的文化活动报道,来传播和推进一种高雅的校园行为文化,从而取代网络上的一些糟粕文化。比如,高校中广泛开设人文、艺术课程,举办各类人文、艺术讲座,组织学生社团活动,开展校园文化活动等。高校新闻媒体在宣传这些活动的同时,也在传播和弘扬这种行为文化中蕴含的社会主义核心价值观,并以此营造生动、丰富、健康、文明的校园文化氛围。

三、社会舆论唱响主旋律

提升社会舆论引导水平是做好舆论工作的重大课题。当前,全媒体不断发展,出现了全程媒体、全息媒体、全员媒体、全效媒体,舆论生态、媒体格局、传播方式发生深刻变化,大量错误的价值观内容充斥在各类社会媒体中,价值观构建中的舆论工作面临新的挑战,提升舆论引导水平显得尤为重要。

(一)把握舆论生态变化

随着信息技术快速发展,新兴媒体方兴未艾,互联网成为舆论工作主阵地、舆论交锋最前沿。在消费价值观构建的过程当中,我们既能看到消费者对"勤俭节约"的推崇,看到新型冠状病毒肺炎疫情期间消费者身上迸发出来的丰沛的爱国热情,看到满满的正能量,也能看到一些错误的价值观现象正在悄然苏醒。提升价值观的舆论引导水平必须准确把握网络舆论生态变化,高度重视网上舆论引导工作,让宣传思想战线主力军加速进入互联网主战场,构建网上网下一体的主流舆论格局。具体到消费价值观的教育来讲,要善于通过网络了解当下大学生消费观念的现状,了解他们对什么感兴趣,为了什么内容或事物愿意发生消费行为,从而更加贴近实际地进行舆论引导;同时加强对网络媒体的管控,推动落实主体责任、主管责任、监管责任。尤其是对浪费粮食、博眼球的"吃播"、大肆购买奢侈品进行炫耀的"网红"、鼓动超额消费的借贷视频等进行及时的查处、警告和封号,净化舆论环境。在舆论引导中统筹好内宣与外宣,积极宣传我国从古以来的勤俭节约的优秀传统文化精神,注重用中国故事传播中国价值、中国精神,引导构建正确的价值观环境。

(二)完善舆论监督制度

要依据法律法规和相关政策,制定一套规范舆论监督的制度,明确如何支持新闻媒体正确开展舆论监督、如何强化新闻媒体在舆论监督中的社会责任等。对在价值观形成过程中出现的重大舆情和突发事件舆论能及时进行的引导和管制;对价值观形成过程中导致的社会热点问题能及时进行分析,加强预判;一旦舆情出现,能做到精准施策。依靠制度,才能不断提升舆论引导水平,营造风清气正的网络空间。

四、加强对媒体管理者的责任感教育

随着时代的不断进步,科技创新不断发展,各种传媒介质和方式也在不断地发展,更新的速度在加快。新媒体的出现拓宽了消费的渠道,减少了消费上的地域隔阂,输入了更广泛的消费价值观,实时更新的各类产品和社会服务信息让人应接不暇。然而,作为这些新媒介的管理者,在利益的驱使下,一些新媒体的工作人员逾越了自己的职业道德底线,将新媒体工作者所应有的社会责任感抛到脑后,大肆宣传错误的价值观理念、传递错误的消费内容和产品信息,并添油加醋地大肆报道,在消费者权益受到侵害后,对自己的弄虚作假行为只是简单地道歉,并没有受到相关处罚。随着时间的推移,新媒体频繁不负责任、添油加醋的报道对新闻业的信誉造成了一定的影响。因此,在这种现状下应该加强对媒体管理者的责任教育。

(一)加强思想政治学习,坚持正确导向

媒体行业是面向广大群众的行业,它所传导的价值观将会影响千万人的取向判断,尤其是三观还未完全确立的大学生,或者年龄更小的未成年人,他们均需要正确的引导才能成长为社会主义的接班人。媒体行业加强思想政治学习,树立和传导正确的价值观,将对国家的建设有极大的促进作用。

(二)提高业务素养,报道要采取正确的方式方法

很多媒体人为了追求点击率不管事件的真实性,为追求时效性提前将新闻发出去,这类事件已经发生多次,有些之后发生反转,更多的则是以讹传讹,对新闻当事人和社会产生了极大的不良影响,这都是因为新闻报道者的不负责任,没有对新闻的真实性进行考证。

(三)拓宽各类新闻渠道,依法加强新兴媒体管理

新闻工作者的信息来源多,当前信息社会发展速度快,但还需要拓宽各类新闻渠道,加强对媒体的管理,提升媒体的传播力、引导力、影响力、公信力,构建全媒体传播格局。必须科学认识网络传播规律,提高用网治网水平。用网更要治网、管网,主管部门要履行好监管责任,使我们的网络空间更加清朗。

第三节　营造家校联合的消费价值观教育氛围

面对整个社会、网上网下高度商业化的消费氛围,大学生消费观教育只依靠学校力量显然是不足的,并且也不具有可持续性。因此,大学生消费观教育也是一项系统工程,需要加强舆论引导,构建家、校、社会联动协同的育人氛围,家庭成员内部要加强思想沟通,要重视消费中责任意识的引导,涵养一个弘扬自立自强、抵制放纵、审慎明辨的理性舆论场,将大学生培养成负责任的消费主体;社会舆论在塑造理性消费的社会氛围方面责无旁贷,要积极参与到大学生理性消费引导和教育工作中来,担负起正面舆论导向的责任,发掘道德、法律、政治、教育、文化、管理中有利于正确消费观建立和弘扬积极消费观的资源,建立起正向的舆论氛围,为大学生的健康成长添加正能量。

根据问卷结果,有36.59%的受访大学生认为大学生建立正确的消费价值观主要依靠家庭教育;有53.82%的学生认为自己现有的消费价值观形成主要源于家庭教育。由此可见,家庭教育在大学生消费价值观教育中具有重要意义。

一、家庭成员内部加强沟通,承担各自责任

家庭要涵养消费观教育责任意识。实际上,大学生的

责任意识来自与父母的有效沟通,不能因为子女进入大学就认为进入了保险箱,以为他会自动学好,只做子女消费生活的经济供给者,而忽视了成为他消费生活的引导者。一般来说,父母对子女的支出情况最清楚,对其消费上异常行为最能感知。绝大多数大学生的经济来源主要来自父母的供给,父母掌控着大学生的资金来源,对其进行的教育将非常有效。父母应该抓住这个有效的杠杆,经常地、透明地与子女有意识地沟通家庭的收入情况和家庭计划,询问子女在校期间的消费明细,了解他们的消费趋向并一起分析利弊得失,提醒子女要将自觉、自律、自省和负责任作为个人适度消费、理性消费、绿色消费的观念认识并去坚守。总之,在现实生活中很多大学生是有钱就用,各类消费陷阱又多,所以很考验家长,既不能完全放手,也不能不管不问,更不能放纵,平时要重视消费中责任意识的引导,把消费方面的教育引导当回事,并且不是小事,做好沟通,引导子女形成对家庭分忧解难的责任意识和自立自强的担当精神。

　　大学生应该对自己的责任有清醒的认识,体谅到父母的辛苦和赚钱的艰辛,买东西时要在家庭能承受的范围之内,不随意乱消费,替父母减轻生活压力。现实生活中少数同学正是由于忘记了自己对家庭的责任,肆意花费家长的血汗钱,甚者用说谎、言语暴力的手段不断伸手跟家人要钱,使原本温馨的家庭伤痕累累、不堪重负。对家庭负责任还体现为对自己的生活负责、对自己的未来负责。少数同学沉迷于消费生活的享受中,对自己的未来采取虚无主义态度,过着"今朝有酒今朝醉""及时行乐"的生活,其对个人的成长造成了不可估量的危害。要引导大学生认识到大学时光是人生发展最重要的阶段,要志存高远,多做有价值、有意义的事,勤奋学习和奋斗,靠自己的努力去实现自己的人生梦想;要认识到消费不仅仅是个人的事情,在消费生活中还有家庭利他主义的责任,要意识到每一个家庭成员都必须规范自己的需求,整合家庭的意见和相互提供物质上的互助,不能不顾家庭死活,让家人成为自己消费的工具。实际上,当前大学生在做消费决定方面擦亮双眼、理智决策不是件容易的事,既要引导大学生们不被诱惑所惑,不盲目追新逐异,冷静对待所有时尚和流行,根据自己情况理性做出抉择,还要告诫大学生在做出消费决定时一定要心里有家人,要与家人多沟通、多商量、听取家人的意见。

二、学校注重消费价值观教育话语引领的实效

(一)消费观教育话语既要通俗化又要深刻化

当前某信公众号普遍采用泛娱乐化和高度视听化的话语方式,可以说,话语表达的通俗化趋势已从消费领域蔓延到所有领域,政府机关、新闻媒体、各事业单位、包括高校都有相应的公众号,并且都在效仿相同的写作方式,以感性的文字和热烈的氛围来拉近与受众的心理距离。

但是,作为高校,大学生是思想政治教育工作的教育

对象,其目的不是把大学生当作消费者提供阅读的快餐,高校还肩负着教育和引导的责任,不能将话语停留在快感和娱乐性的层次,更要将思想性和趣味性、娱乐性结合起来,注重更高层面的价值梳理,话语表达要体现出深刻性和学理性,将智慧和理性的魅力传播出去。因此,话语构建要少泛泛而谈,多贴近实际。高校思想政治教育话语的力量体现在说服力上,一方面是其揭示的道理和表达的心声能贴近大学生、贴近实际;另一方面是其说话行文时表达出来的思想有智慧、有分量,引导大学生养成批判性思维,分辨消费生活中真与伪,能够对自己的人生主动进行自我赋值,赋予生活以创造、自主等价值品位,形成稳定的内在价值。

(二)消费观教育传播渠道要现代化

高校思想政治教育舆论的建设不是简单地将思想政治教育的内容通过讲座和课堂等方式理论讲授就能达到预期效果,在一定程度上,高校思想政治教育舆论和话语建设需要通过更加有效的渠道来积极进入大学生的网络生活世界。

目前,高校层面将官方公众号更多地定位为新闻宣传的窗口,其主要工作是在公众号上将学校的重大新闻进行推送,并将学工处及校团委的部门通知、教务处的考务通知、组织部的党建要求等通过公众号转发。由于学校层面的官方公众号是代表学校和学校各行政部门发声并为学校服务,其注重做"硬新闻",关注的重点是内容的严肃性和真实可靠性。但当今大学生的需求是各个方面的,新闻和通知仅仅是大学生使用公众号一个方面的原因,还有很多个性化的需求,包括生活的、专业的、课程的、娱乐的、交友的等方面的需求得依靠院系层面甚至非官方的公众号加以满足。各院系对自己的学生有更深入的了解,院系公众号才能结合专业、年级和班级特点提供定制化的信息和服务。因此,高校在运营学校层面公众号的同时,也应该要求各院系主动建设面向该院系学生的公众号,针对本院系的学生需求,在内容和用户体验上进行精细化的运作并形成自己学院的特色,将联系学生和组织学生的功能发挥出来。一个高校的公众号建设不仅仅是学校一个官方公众号的建设,它应该是一个群体,包括了学校、院系、社团以及党群组织。学校和院系形成关系群,深入到班级甚至兴趣小组,真正做到团结一批同学,引领一批同学,将尽可能多的学生团结在学校公众号中。当今Wi-Fi普及,很多高校的校园也已经实现了Wi-Fi全覆盖,即使部分角落没有覆盖到,学生也会随时以流量进行弥补。当前在校生都有社交软件,相互联系时都习惯用社交软件留言。从生活层面来看,学生人人都在用社交软件已成为事实。任何一个高校对这一生活的变化都不应该熟视无睹,而仅仅把学校的新闻宣传移植到公众号是不够的,而更应该将公众号建设成为感情维系的新纽带和话语传播的得力平台,发挥出组织青年和引领青年的功能。

(三)消费观教育话语表达要形象化

当前,话语表达已经与新媒介深度融合,高校思想政治教育工作者要触网和懂网,善于驾驭新媒体技术,要去学习新媒介对概念的编码技能。实质上,要制作出视觉突出、排版简洁、图文并茂、有声有色的宣传内容需要有能力的美工编辑,其审美能力和视觉表达能力更加突出,能把周围感受到的日常风景渲染得更加美好。另外,来自本校校园风景的素材对本校师生更有吸引力,推送的信息更接地气,能更好地实现对本院师生的全覆盖。

总之,为了更好地传播大学生消费观教育内容,高校应通过思想政治教育话语的调适和转换,实现传播渠道现代化和表达方式形象化,话语表达上既要通俗化又要深刻化,且不脱离教育本质,形成理性消费的话语环境,以增强大学生消费观教育的实效性。

第四节 选择大学生消费价值观教育的时机

针对不同的时间节点,抓住大学生消费观教育的时机,针对不同阶段分别开展好预警教育、扶贫与扶志相结合的扶贫教育、生涯教育,帮助大学生从感知上提高风险防范意识,从思想上提升价值观和消费观的境界,从行动上增强抵御能力。

一、新生入学教育阶段抓实预警教育

预警教育在日常思想政治工作中又称为预防教育,预

警教育既指在问题发生之前的防患于未然,也包括问题发生时的防微杜渐,通过积极的引导和转化过程,将事件发展态势控制在起始状态。

大学生从高中步入大学,在个体发展上正处于经历重要的变化和形成阶段,将"拒绝超前消费、拒绝过度消费、拒绝从众消费"纳入新生入学"第一课",分析相应的消费现象,有针对性地解决目前消费环境所存在的问题。受到手机终端消费主义价值观的影响,不少大学生无视自己和家庭的经济条件,忽略了量入为出的消费原则和适度原则,走向超前消费、负债消费、从众消费和过度消费。只有把消费主义思潮和消费社会的特点、表现讲清了,才能使大学生在面对促销、金钱、利诱时,知道得失,知道是非,知道进退,才能引导他们在思想和意识源头上筑牢"风险隔离墙",阻截不良消费观对大学生的侵蚀和诱惑。

将"金融安全知识进校园"纳入入学教育中,帮助大学生提高金融安全防范意识。近年来,随着互联网金融、移动支付的快速发展,金融环境网上网下愈发复杂,五花八门的App和线上线下的金融产品在为大学生提供多种消费渠道的同时,也增加了个人对风险的识别难度。针对大学生广泛使用网上银行移动支付这一现状,学校应让学生明白其在哪些环节存在安全隐患,又怎样才能够防范电信诈骗和金融诈骗。真正要让大学生不仅有"取之有道"的金钱观念,而且有"用之有度"的消费习惯,还要有自觉远离金融诈骗的意识和实践能力,必须进行一定的教育,而这需要社会、学校和家庭共同的引导和提醒。

在入学教育中,可以邀请当地派出所工作人员、银行职工和从事学生工作的老师进校园进行金融知识解读、防诈骗宣传和实际案例解析,帮助学生快速接受正确的金融知识,认识到参与或者从事不良借贷所造成的危害,以及大学生活期间应该对本人的消费行为制定科学合理的计划等。

重视预警教育中针对大学生不良消费价值观的教育工作,能够帮助高校对不良消费倾向,如借债消费、过度消费等,做到抓早抓小,防患于未然才能防微杜渐。所以,消费观教育不能采取粗放和务虚的形式开展,要坚持管理与教育相结合的原则,坚持重点突破和整体推进的原则,因地制宜地开展教育工作。

二、奖助学金评选前后做好感恩、诚信教育

大学生的消费生活受社会意识、家庭经济差异和个人选择等多重因素的影响,由于内蒙古自治区经济现状的影响,生活在城市的大学生和生活在牧区的大学生在消费生活上的差异十分明显。有的学生节衣缩食,为每年的学费和生活费发愁,消费降低到维持生存的水准上,还需要在学校进行兼职工作来减轻家里的负担,在消费中感受着无言的压力和苦涩;有的学生花钱如流水,信奉消费主义,肆意享受花钱带来的满足和快感,甚至为了在学生群体中彰显财富,获得个人标签,人情消费大手大脚,他们在价值观

念中似乎觉得只要有钱,世界上一切东西都伸手可及、都可以买卖。个人目空一切和傲慢自大,一切神圣的东西都可以被消费,甘当"消费主义英雄";有的大学生热衷于晒消费生活的具体场景,把自己的名牌包、限量版产品、昂贵的奢侈品等拿到网络上去炫耀,与人分享,由人评说;有的学生满怀憧憬,本想在大学期间大有作为,却被眼前种种消费倾向和网络上消费主义话语所迷惑,被诱导消费,不得不加入借贷的行列。

为了平衡高校内学生经济生活持续平稳,维护校园安全稳定发展,近年来,国家和政府加大了对贫困生的帮扶力度,奖助学金制度得到了很好的落实。一是通过国家资助来解决贫困生的学费和住宿费困难,国家每年都有国家奖学金、励志奖学金和助学金的评选和发放,学校根据国家的资助政策要求,将这部分资助给予那些真正有学费困难和住宿费困难的学生,帮助他们继续学业;二是以学校力量寻找到更多的社会捐助,以学校奖助的形式提升资助的层级,走向对学生而言的发展型资助,激励贫困生勤奋好学和能力拓展,助力他们的人生成长和个人生活向好的方向发展;三是将"扶困"与"扶志"结合起来,培养贫困学生自立自强的精神品质。但是,贫困生帮扶项目目前存在部分贫困大学生拿着扶困的助学金进行高额消费的问题,例如购买最新款的手机、为网络主播刷礼物或者为游戏买装备等,这就脱离了贫困生扶助政策的初衷,在贫困生认定的过程中产生了恶劣的影响。因此,高校在进行奖助学金发放的过程中,要注重对贫困生进行诚信教育和感恩教育,保证贫困生的帮扶政策既能在经济上扶贫,也能在心理上扶贫。

第五节 激发大学生提升自我管理的能力

大学生作为祖国建设和发展的后备力量,应形成一定程度自我管理、自我约束的能力。大学生消费价值观的形成应当由学校教育、社会教育和家庭教育形成合力来实现,尤其是需要帮助大学生提高社会责任感和担当意识,树立正确的价值观念,提升自我管理能力。大学生在具备一定自我管束能力的条件下,通过多方教育逐渐学习和建立正确的金钱观,充分认识到储蓄与消费之间的平衡关系,在消费中做到有的放矢,开展科学的消费行为,具备的消费观念和消费行为一定要符合人的身心健康以及社会发展要求,从而形成合理的消费结构、消费心理和消费行为,建立正确的消费价值观。

一、以积极的心理暗示提升自我管理能力

心理暗示是指人接受外界或他人的愿望、观念、情绪、判断、态度影响的心理特点,是人们日常生活中最常见的心理现象。它是人或环境以非常自然的方式向个体发出信息,个体无意中接受这种信息,从而做出相应的反应的一种心理现象。

在研究区内大学生消费价值观存在的问题当中,我们可以看到超额消费、提前消费等错误的消费行为,出现这些消费行为的原因之一就在于大学生不具备良好的自我管理能力,无法在适当范围里控制自己的消费行为。因此,在消费价值观建立的过程中,可以运用心理暗示法,也就是综合运用学校教育为主导的他人暗示和以学生为主体的自我暗示,充分地、长效地发挥暗示的积极作用,同时尽量减少消极暗示对学生产生不良的影响,从而帮助学生树立信心,培养较强的自我管理能力。

(一)利用环境暗示,粘贴宣传标语

良好的环境能使人身心舒畅,产生较好的心理效应,从而提高学习和信息接收的效率;而差的环境则使人烦躁不安,对信息无法做出有效的接收和处理。因此,在消费价值观培育的过程中,可根据实际情况精心创设环境。教室是学生在校学习和活动的主要场地,走进窗明几净、整洁美丽的教室,学生会自然地产生良好的学习意愿、和谐的群体意识和严明的纪律感。相反,脏乱差的环境往往和"混乱""无序""松懈"的心理情绪联系在一起。因此,在保证教室安静、整洁的前提下,可以适当粘贴有关引导学生形成正确消费价值观的标语,潜移默化地让标语内容深入学生的脑里、心里,并按照标语内容和要求进行进一步的实践。

(二)积极进行自我鼓励

要积极地进行自我鼓励。在控制消费欲望的过程中,对某些不是必须购买的产品或者资金不足以满足购买欲的情况下,要在心里告诉自己:"我可以控制自己,我可以控制自己不去买不必要的商品,不花费不在可消费范围内的钱!"也可以站在镜子面前,看着自己的眼睛,真诚地表述自己的愿望,告诉自己一定可以做到拒绝无节制的消费!尝试着每天都对自己说:"我可以拒绝超额消费的欲望""我在经济独立以前,购买东西一定要与父母做好沟通""我的购买欲比上次情况好多了""我可以做到绿色消费行为"等。这样做了之后,会发现自己的心情会变得更加积极乐观,思维和行动的效率也会提高。相反,如果在消费过程中,在心中对自己说:"就这一次就好""这次就这样吧,我下次一定可以""价格不贵,多买一点儿没什么的"等,那便在很大概率上是无法克制住自己的消费行为的。

(三)尽可能拒绝消费诱导

提高自身审美水平,要做到对价值观的真善美和假丑恶有着明确的分辨,能够识别消费诱导和消费需求,屏蔽现实中和网络上的负面信息,不好奇、不观望、立足当下,要求自己在自己规定的额度之内进行消费,做到对自己的消费能力有清晰的认知,进而提升本人的自我管理能力。

二、深化校园文化内涵

校园文化作为人类社会文化的重要分支。广义上指在学校育人环境中以学生为主体,以教师为主导,以促进学生成长和提高文化素质及审美情操为目标,由全体师生员工在教学、科研、管理、生活、娱乐等各个领域的相互作用中共同创造出来的一切物质和精神成果。狭义上的校园文化包括学校全体成员的思想素质道德修养、价值取向、知识和能力结构、生活方式、人际关系等方面。

校园文化从其内部结构来分析,可以分为四个层次。第一层次是校园的物质文化。它是校园文化水平的外在标志,主要包括各种教学、科研、物质资料以及校园环境。第二层次是校园制度文化。它既是文化活动的准则,本身又是校园文化的组成部分。主要包括学校的各种规章制度、教学、科研、生活的模式群体行为的规范习惯等。第三层次是校园行为文化,主要包括师生员工的各种行为方式以及在此基础上形成的校风、教风、学风。第四层次是校园精神文化,包括校园文化观念历史结构,为校园大多数主体认可并遵循的共同的思想意识价值观和生活信念等内容。它是校园文化的核心和灵魂,也是校园文化发展的关键。

(一)加强物质文化建设,整合优化育人环境

一个美的环境,对于学生来说是一个主题多彩的、有

创造力和吸引力的无声教材。环境对于学生的发展具有教育、审美等功能,起着潜移默化的熏陶作用。所以在建设校园文化时,首先考虑的是每一个设计是否符合当代大学生的身心发展的需要,是否"像伊甸园一样引人入胜"。

(二)加强制度文化建设,强化管理育人机制

学校制度文化建设是校园文化建设的重要组成部分,它起着规范学校成员的行为,告诫学生该做什么、不该作什么的作用。从某种意义上说,制度是广大群众利益的维护者,是事业发展的保证。但规章制度的制定必须与学校的办学理念和教学目标一致,必须有利于学生的发展并能与整个学校文化融于一体。管理是为了目标的实现,为了学生、教师、学校的发展,因此,必须建立"以生为本"的管理制度,以尊重学生为前提、以挖掘和开发学生的潜力为根本、以提升学生的素质和能力为目的,实现学生的自我教育、自我管理、自我完善与自我发展。当然,有了制度不等于拥有文化,还需要通过加强校园文化活动来深化校园文化内涵。

(三)加强校园活动建设,打造校园文化品位

校园文化活动是校园文化载体的重要组成部分。丰富多彩的校园文化活动有利于培养学生健康的兴趣爱好。学校的育人主要通过学生的活动(认知活动、养成活动、培养活动、训练活动等)展开。

根据学生的身心特长寓教育于丰富多彩的文化活动

中,让学生在活动中求真、求知、求乐,使他们在参与中自我教育、自我管理、自我发展。根据不同学科、不同年级,学生的认知结构、兴趣特点、能力水平和心理、生理特性设计和采取多样的活动内容和活动形式,如重要时间节点(迎新活动、毕业活动、红五月合唱大赛、清明祭奠英烈、学雷锋系列活动、社会主义核心价值观建设等活动);如学校传统活动(校园奥林匹克运动会、社团文化艺术节等);如社会公益活动(禁毒宣传周、志愿服务活动月等)。

三、搭建平台,提升自我管理能力

学生的自我管理,有一个从低级到高级、从不自觉到自觉的发展过程。通过提高学生自我管理能力来培育学生的消费价值观建设这一过程,应该先由学校或教师向学生提出正确的理念(或者提出党的最先进的思想和理念),并在各种活动中让学生逐渐形成科学的消费观念,养成良好的消费习惯,并将这些习惯转化成约束自己消费行为的规范。这样,学生就有了消费观建设中的自我管理的目标。最后,学生在进行消费活动时,要能够做到自我考察、自我解剖、自我调节,而无需他人管束。

德鲁克在《21世纪的管理挑战》中指出,随着知识社会的到来,越来越多的劳动者和知识工作者将需要自我管理,自我管理是21世纪的管理挑战之一。我们的价值观教育我们要勇于面对这一挑战,要让学生在老师的引导和一系列活动中逐步接受规范的洗礼,懂得道德品质和行为习惯对终身发展的重要性，慢慢养成良好的消费行为习惯。

美国教育家布鲁巴克说："最精湛的教学艺术，遵循的最高准则就是让学生自己提出问题。"我们在创设正确的消费理念时，要充分信任学生，了解学生面临的消费窘境和困惑，真诚对待学生存在的具体问题，给予学生被尊重的感觉，同时搭建学生展示自我的平台，给学生自主管理的空间。例如举办"我的虚拟消费"等为主题的专题活动月，由学生自主设置消费市场、确定消费产品、拟定产品的市场价格，以模型作为产品，以画纸作为钱币，不同颜色的画纸代表不同金额的钱币，按照本人的实际情况确定本人周内可支配金额。通过对全体学生进行问卷调查确定群体所需要的各类商品，例如个人必需品或促进个人发展的消费品，同时设置借贷处，为有需求的学生提供借贷服务。有了市场、商品和钱币之后则可以进行消费市场模拟，以一周的时间为限制，周末各小组进行总结，掌握本人的消费需求与可支配金额之间的比例关系，同时与朋辈比较。月末时邀请资金规划专家对活动现状作进一步的整理和总结，指出不足，引导大学生调整自己的消费观念和消费行为，克服欲望、完善不足，从而建立科学合理的消费价值观。

第五章 小结

消费价值观作为经济社会发展下社会主义核心价值观的一个重要内容,是当前经济条件下人们消费观念和认知观念的一种体现,影响着人们的价值观念和生活态度,也深刻地影响着青年一代价值观和人格的完善。因此,关注和研究消费价值观的演化与发展,了解消费价值观是如何影响我们价值文化的形成,不仅有助于人们更清晰地认识和了解消费价值观及其社会功能,更有益于人们深刻剖析在经济发展和西方价值文化引入后自己的价值观念和生活方式受影响的程度。

大学生作为社会主义的建设者和接班人,是实现中华民族伟大复兴的重要后备力量,大学生的消费价值观是构成社会主义核心价值观的重要内容。同时,内蒙古自治区作为正在发展中的边疆少数民族地区,经济的快速发展不仅优化了人们的生活品质,也带来了困惑和矛盾。因此,有必要对内蒙古自治区大学生的消费价值观加以关注。研究大学生的消费价值观,不仅要从经济学领域入手,也涉及社会学、哲学、政治学等其他领域。本书依据《马克思恩格斯选集》中对"消费""消费价值观"的论述,详细地阐释了马克思主义消费观,即"作为人的消费""生产与消费的辩证观""消费与闲暇的辩证观"三种类型的消费观。其中"作为人的消费"中主要强调了人与动物消费的不同在于动物的生产与消费是统一的、本能的,而作为人的消费,生产和消费是分离的、有创造性的,体现了"人"作为生产者和消费者的双重属性。当作为人的生产是为了另一个作为人的消费时,生产和消费才能实现其原有的价值;"生产与消费的辩证观"是马克思在《经济学手稿》导言中进行阐述的,他提出生产和消费具有同一性、生产创造和决定消费、消费对生产具有巨大反作用、生产与消费的良性互动是以合理处理分配与交换关系为中介的,总的来说就是生产是创造和消费价值的过程,生产只有在消费中才能产生、创造和实现价值,通过合理处理分配与交换来促使消费和生产产生良性互动;"消费与闲暇的辩证观"是指在社会生活中,生产和消费服务于人们的劳动时间以外的闲暇时间,人们为了获得闲暇时间会进一步缩短劳动时间,这就会提高生产能力和生产效率,促进人类社会的全面发展。

在了解了马克思主义消费观的基础上,为了准确地判断现代社会消费价值观的建立和发展存在的问题,本书也同时研究了中国传统的消费价值观和西方消费主义价值观,以期在综合判断以上消费价值观相互作用的基础上,找到内蒙古自治区大学生消费价值观的优化路径。简单来说,中国传统的消费价值观分为两种:一种是以儒家的等级消费价值观、道家的无为消费价值观思想为主的勤俭节约的消费价值观;另一种是管仲《管子》中提出的奢靡的消费价值观和北宋时期较为风靡的"以俸养廉"消费价值

第五章 小结

观。具体来讲,就是通过刺激富人的消费为穷人带来更多的就业岗位,从而帮助穷人赚取日常生活所需要的费用,通过给当时的政府工作人员较高的薪资来避免他们贪污。西方消费主义价值观始于经济腾飞之后的美国,经济的迅速发展让人们认为社会资源是取之不尽、用之不竭的,因此出现了这种可以任意占有和消耗财富的消费主义思想。刺激性的宏观经济政策催发了消费主义思潮的进一步膨胀,再加上西方哲学所持有的"人与自然不是和谐共处的关系,而是征服与被征服的关系"的观点,人们对自然资源和社会资源大肆掠夺,使得西方的消费文化变为了极力追求和实现高消费,满足自我的消费文化。

为了更好地对选题开展研究,本书发放了 6080 份调查问卷,其中回收有效问卷 6080 份,问卷有效率 100%。问卷男女比例为 1∶2,普通高校和高职院校比例为 4∶1,涵盖大一到研三七个年级,专业覆盖文史类、理工类、经济管理类、艺术类、农学类、医学类等几乎全部门类,贫困生与非贫困生比例为 1∶2,基础数据较为详实,具有代表性。同时走访了有过超前消费行为和"校园贷"的学生,收集了因不良贷款而导致退学的学生的基本数据,充实和完善了数据分析。通过对调查问卷的研究分析和实地走访调查,我们发现内蒙古自治区的大学生消费价值观受到中西方文化的双重影响,既有中华民族优秀传统文化中勤俭节约的一面,也有西方消费主义思潮中超前消费、悦己消费的一面。其中,勤俭节约是大学生价值观形成的基础,但在消费主义思潮和固有消费观念的碰撞下,不少大学生在消费观念形成过程中产生了困惑，消费行为出现了偏差，因此，矫正大学生的消费观念和消费行为势在必行。通过对数据资料的对比分析，总结出内蒙古自治区大学生现存的消费价值观存在消费结构不合理、消费心理有偏差、消费期望有落差、消费计划性不足、来自牧区和来自城市的大学生消费需求不均衡等问题，造成这种问题的原因包括学校价值观教育的缺失、大众传媒的错误引导和西方消费主义思潮的影响，其中起较大作用的是高校价值观教育的缺失。根据问卷调查结果，大部分学生希望从学校教育中获得价值观的教育，也认为目前在自己价值观形成的过程中学校起的作用较小。习近平总书记在学校思想政治理论课教师座谈会上强调："办好思想政治理论课关键在教师，关键在发挥教师的积极性、主动性、创造性"，"思政课教师要给学生心灵埋下真善美的种子，引导学生扣好人生第一粒扣子。"因此，高校思政课在学生的价值观教育的过程应该起到举足轻重的作用。在分析内蒙古自治区大学生现存的消费价值观问题和造成这种问题的原因之后，本书在完善学校教育体系、发挥网络媒体平台作用、构建家校联合的消费价值观教育氛围和激发大学生提升自我管理的能力等方面构建了内蒙古自治区大学生消费价值观优化路径。接下来，在综合考虑实际情况的基础上，我们也将尽快按照文章中所述的具体措施，进一步开展实践活动，以期达到预期效果。

参考文献

[1] 王敏.消费文化语境中当代大学生消费观念引导研究[J].边疆经济与文化,2017(6):92-94.

[2] 夏丹.代际差异下的消费价值观多元化刍议[J].商业经济研究,2017(16):34-36.

[3] 曾力.市场经济下当代大学生消费价值观偏差的原因分析[J].企业改革与管理,2017(2):197.

[4] 任素芳.网购环境下90后大学生消费观存在的问题及对策[J].河北企业,2018(7):69-70.

[5] 黄登斌.大数据背景下新时代大学生消费价值观与消费行为问题研究——以广州工商学院为例[J].纳税,2018(17):162-163.

[6] 何潇.西方消费主义思潮对培育高职学生社会主义核心价值观的影响及对策研究——以西安汽车科技职业学院为例[J].教育教学论坛,2019(2):23-24.

[7] 刘鑫.大学生不良消费行为分析及对策研究[D].哈尔滨:哈尔滨工程大学,2007.

[8] Arjun Chaudhuri,Morris B. Holbrook. The Chain of Effects from Brand Trust and Brand Affect to Brand Performance:The Role of Brand Loyalty[J]. Journal of Marketing,2001,65(2):81-93.

[9] J. Brock Smith,Mark Colgate. Customer Value Creation:A Practical Framework[J]. Journal of Marketing Theory and Practice,2007,15(1):7-23.

[10] Morris B. Holbrook. Consumption experience, customer value, and subjective personal introspection:An illustrative photographic essay[J]. Journal of Business Research,2006,59(6):714-725.

[11] 邱海燕.思想政治教育视野下大学生消费观教育研究[D].武汉:湖北大学,2020.

[12] 董立清.浅析马克思主义消费观[N].光明日报,2011-11-05.

[13] 李雨燕.马克思消费理论的现实意义——兼论当代中国消费文化之创新[J].求实,2011(10):12-15.

[14] 刘明合.马克思的消费和谐思想初探[J].泰山学院学报,2011,33(2):87-93.

[15] 何怀远.物质生产的人本价值审视[J].南京政治学院学报,2004(3):35-40.

[16] 张燕.消费分层视角下我国消费品制造业的转型升级研究[J].临沂大学学报,2018,40(3):132-140.

[17] 刘仁营,朱有志.重温马克思关于生产与消费辩证关系思想[N].光明日报,2016-02-03.

[18] 李琳.改革开放以来我国消费价值观变迁研究[D].南昌:江西师范大学,2018.

[19] 张翼.当前中国社会各阶层的消费倾向——从生存性消费到发展性消费[J].社会学研究,2016,31(4):

74-97.

[20]朱正国,朱桃杏,张雪燕.大学生网络消费心理特征及行为指向研究[J].商场现代化,2009(3):157-158.

[21]张雅璇.大学生网络消费行为特征分析[J].商业故事,2018(5):43-45.

[22]曹宇,贾绍宁,史建伟.大学生过度消费现象分析及改善建议[J].现代经济信息,2010(12):192.

[23]陈金香.我国价值观教育的错位与改进策略[J].中国教育学刊,2016(3):89-94.

[24]赵爽.大众传媒与对青年受众的教育引导[D].哈尔滨:哈尔滨工程大学,2004.

[25]马晓利.分析"90后"大学生消费心理与行为现状[J].智库时代,2019(23):29-30.

[26]贾雪丽.消费主义思潮及对社会价值观的影响[J].齐鲁学刊,2016(1):85-90.

[27]王秋准.消费主义思潮对大学生的影响及对策思考[J].学理论,2015(10):249-250.

[28]李晓彦.高校校园媒体对高校德育工作的影响及其建设与管理[J].教育探索,2009(6):106-107.

[29]高春燕.试论新媒体环境下高校宣传部对校园文化的构建管理及引导[J].榆林学院学报,2014,24(5):108-111.